智能网联汽车 ROS 系统技术

主　编　李文凯

副主编　陈忠吉　周　婷　吕天星

参　编　蒋　鑫　吕　倩

北京理工大学出版社

BEIJING INSTITUTE OF TECHNOLOGY PRESS

内 容 简 介

《智能网联汽车 ROS 系统技术》基于实际应用需求，采用项目、任务教学方式介绍了 Linux 操作系统和 ROS 操作系统的常见应用。首先，以 Linux 操作系统的 Ubuntu18.04 版本为平台，介绍了 Linux 的基本操作方法；其次，在 Linux 操作系统中安装了 ROS1.0 的 Melodic 版本，进行 ROS 系统的实训。本书注重以就业为导向，以能力为本位，面向市场，充分体现应用型教育的特色，满足培养高技能人才的需要。本书所有的程序都进行了实际的调试，内容深入浅出、简明易学。

本书可作为智能网联汽车技术专业、汽车智能技术专业、新能源汽车技术专业、汽车电子技术专业、智能网联汽车工程技术专业等的汽车计算机技术课程教材，也可以作为考取智能网联汽车测试装调职业技能等级证书的参考教材。

图书在版编目（CIP）数据

智能网联汽车 ROS 系统技术 / 李文凯主编. -- 北京：
北京理工大学出版社，2025. 1.
ISBN 978 - 7 - 5763 - 4753 - 1

Ⅰ. U463.67

中国国家版本馆 CIP 数据核字第 20254W95S5 号

责任编辑：陈莉华　　　文案编辑：李海燕
责任校对：周瑞红　　　责任印制：李志强

出版发行 / 北京理工大学出版社有限责任公司
社　　址 / 北京市丰台区四合庄路 6 号
邮　　编 / 100070
电　　话 / (010) 68914026（教材售后服务热线）
　　　　　　 (010) 63726648（课件资源服务热线）
网　　址 / http://www.bitpress.com.cn

版 印 次 / 2025 年 1 月第 1 版第 1 次印刷
印　　刷 / 涿州市新华印刷有限公司
开　　本 / 787 mm × 1092 mm　1/16
印　　张 / 11.5
字　　数 / 240 千字
定　　价 / 68.00 元

前　言

PREFACE

近年来，汽车"新四化"概念的提出，大力推动了汽车智能化、网联化的发展。这样的发展对职业院校的教材建设也产生了重要的影响。其中一个关键点就是要根据智能化岗位的技能要求，对教材进行体系、形势、内容的创新，以适应"工学结合""编程难度大""逻辑复杂"等教学实际问题。

本书的直接依据是"计算平台部署与测试"的课程标准。根据课程标准规定的课程性质、课程目标、内容目标和实施建议，以高职智能网联汽车技术专业的学生就业为导向，在有关专家与本院专业教师共同反复研讨下，结合专业教学任务与专业工作过程特点，对典型就业岗位进行任务与职业能力分析，以实际工作任务（项目案例）为导向，内容具有企业的"仿真性"。作为一本项目式教材，每一个知识点都会配套任务工单，并附上考核表，真正让学生"做中学"，从简单到复杂，与实际工作完美对接。本书根据学生的认知规律与技能要求，采用循序渐进的方式实现理论教学与典型案例相结合来展现教学内容，做到"教""学""做"一体共同完成。通过知识点、技能点的典型案例分析与讲解等教学任务来组织教学，倡导学生在教学任务项目实施过程中掌握 ROS 的专业基础知识和操作等技能。本书所有实训内容均可在虚拟机上实现，打破了传统的"一本教材一套设备"的限制。只要有机房，便可轻松进行实训，无须担心设备问题。当然，如有需要，也可在不同的机器上实训。

通过本书的学习，学生能够在企业从事 ROS 平台的选用、安装、调试等工作，同时具备一定的 ROS 开发能力，也为学习后续课程打下基础，对培养学生的职业能力和职业素质起到主要的支撑作用。

全书分为 4 个项目 17 个任务，内容涵盖：Linux 安装、文件权限、用户与用户组管理、文件管理、vim 编辑器、ROS 安装、ROS 的常用指令、工作空间和功能包创建、通信结构、发布者和订阅者编程、客户端和服务端编程、launch 文件编写、分布式多机通信配置等，从简单到复杂详细阐述了 ROS 系统的运行原理。

参与本书编写工作的有李文凯（云南交通职业技术学院，编写项目 4 并调试全书的程序）、陈忠吉（云南交通职业技术学院，编写项目 3）、周婷（云南交通职业技术学院，编

写项目 2 的任务 2.1、任务 2.2、任务 2.3)、吕天星（云南交通职业技术学院，编写项目 2 的任务 2.4、任务 2.5、任务 2.6)、蒋鑫（云南交通职业技术学院，编写任务 1.2）和吕倩（云南交通职业技术学院，编写任务 1.1)。全书由李文凯统稿，后又根据主审的意见进行了修改和定稿。

由于智能网联汽车尚处发展阶段，编者水平有限，书中如有不足之处，敬请广大师生和读者批评指正。如需要教材配套课件，可联系出版社，或向编者电子邮箱（417657707@ qq. com）申请。

编　者

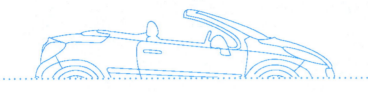

目　录

C O N T E N T S

项目 1

查阅 ROS 资料

假设毕业后，你入职一家智能网联汽车公司，该公司的主要业务是运营机场、公园和校园等封闭园区内的自动驾驶车辆。你的岗位是智能网联汽车运维工程师，专门负责车辆的安装、调试与维护保养。

某天，你接到了客服分配的任务——维护某个公园的智能网联汽车的机器人操作系统（Robot Operating System，ROS）平台，车辆如图 1 – 0 – 1 所示。

图 1 – 0 – 1　某智能网联汽车

当你来到故障现场时，发现 ROS 需要重装，于是开始整理 ROS 安装的相关知识。

在智能网联汽车的学习、交流及使用过程中，都离不开 ROS，因此能够正确而熟练地使用 ROS，无论对功能的分析及研究，还是对智能网联汽车的使用、维护及调整，都是十分重要的。采取正确的安装方法及必要的资料收集是正确而熟练地使用 ROS 的第一步。

本项目需要完成资料收集和 Linux 操作系统安装等工作。这些工作需要 ROS 相关网站的资料，Linux 操作系统安装步骤、Linux 系统框架和 ROS 框架等知识。

综上所述，项目一的课程设计如表 1 – 0 – 1 所示。

表 1 – 0 – 1　查阅 ROS 资料

序列	任务	学习目标	学时
1	学习 ROS 概论	会查阅 ROS 相关网站的资料； 能描述 ROS 的历史和系统框架	2
2	安装 Linux 操作系统	会安装 Linux 操作系统； 了解 Linux 操作系统的历史	4

任务1.1　学习 ROS 的概论

任务描述

观看智能网联汽车的 ROS 控制过程，然后假设 ROS 平台崩溃，需要重装 ROS；而在重装之前，需要先收集它的资料，并弄懂它的系统框架，也就是先要明白 ROS 是什么。

任务目标

知识目标：

1. 了解 ROS 的发展历史；

2. 了解 ROS 的系统框架。

能力目标：

1. 会查阅 ROS 相关网站的资料；

2. 能描述 ROS 的历史和系统框架。

任务分析

阅读教材和搜索网站，简要记录 ROS 的发展历史，然后将 ROS 框架按照文件系统级、计算图级、开源社区级进行分类，并分析三个级别的特点。

任务准备

学生任务分配表如表 1 – 1 – 1 所示。

表 1 – 1 – 1　学生任务分配表

班级		组号		指导老师	
组长		组长学号			
组员		姓名	学号	姓名	学号
任务分工					

引导问题 1：搜索网站并回答下列问题。

（1）ROS 的应用如图 1 – 1 – 1 所示。ROS 的全称是什么？ROS 可以做什么？

图 1 – 1 – 1　ROS 的应用

_____

_____

（2）ROS 何时开放源码？什么是开放源码？

_____

_____

_____

项目 1

查阅 ROS 资料

引导问题2: 了解 ROS 的发展过程，如图 1 – 1 –2 所示。

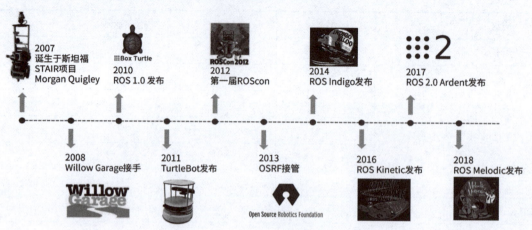

图 1 – 1 – 2   ROS 的发展过程

（1）TurtleBot 是什么？

_____

_____

_____

（2）ROS 1.0 是什么版本？它对应的 Ubuntu 是哪一个版本？

_____

_____

_____

小提示

ROS 是一个用于编写机器人软件的灵活框架，它集成了大量的工具、库、协议，提供了类似操作系统所提供的功能，包括硬件抽象描述、底层驱动程序管理、共用功能的执行、程序间的消息传递、程序发行包管理，可以极大简化繁杂多样的机器人平台下的复杂任务创建。

ROS 最初应用于斯坦福大学人工智能实验室与机器人技术公司 Willow Garage 合作的个人机器人项目（Personal Robots Program），2008 年后由 Willow Garage 维护。该项目研发的机器人 PR2（Personal Robot 2）在 ROS 框架的基础上可以完成打台球、插插座、叠衣服、做早饭等不可思议的功能，由此引起了越来越多的关注。2010 年，Willow Garage 正式以开放源码的形式发布了 ROS 框架，很快在机器人研究领域掀起了 ROS 开发与应用的热潮。

任务实施

1. 制订方案

工作方案如表 1 – 1 –2 所示。

表 1-1-2　工作方案

步骤	工作内容	负责人
1		
2		
3		
4		
5		
6		
7		
8		

2. 列出仪表、工具、耗材和器材清单

器具清单如表 1-1-3 所示。

表 1-1-3　器具清单

序号	名称	型号与规格	单位	数量	备注

3. 进行决策

（1）各组派代表阐述方案。

（2）各组对其他组的设计方案提出自己不同的看法。

（3）教师结合大家完成的情况进行点评，选出最佳方案。

4. 工作实施

（1）按照本组制订的方案实施。

项目 1　查阅 ROS 资料

（2）简要记录 ROS 的发展历史。

ROS 历史：

（3）将 ROS 框架按照文件系统级、计算图级、开源社区级进行分类，并分析三个级别的特点。

文件系统级：

计算图级：

开源社区级：

任务评价

各组派代表展示成果，介绍任务的完成过程，然后完成评价表 1-1-4。

表 1 - 1 - 4　评价表

班级		姓名		学号	
任务 1.1　学习 ROS 概论					
评价项目		满分	自我评价（权重 20%）	组员互相评价（权重 30%）	教师评价（权重 50%）	综合评价
专业能力考核项目（60%）	会查阅 ROS 相关网站的资料	30				
	能描述 ROS 的历史和系统框架	30				
职业素养考核项目（40%）	团队合作	10				
	引导问题填写	10				
	资料查找	10				
	成果展示	10				
总分		教师意见及签名				

知识链接

知识点一：ROS 是什么

1. ROS 的起源

硬件技术的飞速发展在促进机器人领域快速发展和增加机器人领域复杂化的同时，也对机器人系统的软件开发提出了巨大挑战。机器人平台与硬件设备越来越丰富，致使软件代码的复用性和模块化需求越发强烈，而已有的机器人系统又不能很好地适应需求。相比硬件开发，软件开发明显力不从心。为迎接机器人软件开发面临的巨大挑战，全球各地的开发者与研究机构纷纷投入机器人通用软件框架的研发工作当中。在近几年里，产生的多种优秀机器人软件框架，为软件开发工作提供了极大的便利，其中最为优秀的软件框架之一，就是机器人操作系统 ROS。

在短短的几年时间里，ROS 得到了广泛应用，各大机器人平台几乎都支持 ROS 框架，如 Pioneer、Aldebaran Nao、TurtleBot、Lego NXT、AscTec Quadrotor 等。同时，开源社区内的 ROS 功能包呈指数级增长，涉及的应用领域包括轮式机器人、人形机器人、工业机器人、农业机器人等，美国 NASA 已经开始研发下一代基于 ROS 的火星探测器。

ROS 在机器人领域的浪潮也涌入国内，近年来国内机器人开发者也普遍采用 ROS 开发机器人系统，不少科研院校和高新企业已经在 ROS 的集成方面取得了显著成果，并且不断反哺 ROS 社区，促进了开源社区的繁荣发展。

ROS 的迅猛发展已经促使它成为机器人领域的事实标准。

2. ROS 的特点

ROS 的核心——分布式网络，使用了基于 TCP/IP 的通信方式，实现了模块间点对点的松耦合连接，可以执行若干种类型的通信，包括基于话题（Topic）的异步数据流通信、基于服务（Service）的同步数据流通信及参数服务器上的数据存储等。总体来讲，ROS 主要有以下几个特点。

（1）点对点的设计

在 ROS 中，每一个进程都以一个节点的形式运行，可以分布于多个不同的主机。节点间的通信消息通过一个带有发布和订阅功能的远程过程调用（Remote Procedure Call，RPC）传输系统，从发布节点传送到接收节点。这种点对点的设计可以分散定位、导航等功能带来的实时计算压力，适应多机器人的协同工作。

（2）多语言支持

为了支持更多应用的移植和开发，ROS 被设计成一种语言弱相关的框架结构。ROS 使用简洁、中立的定义语言描述模块之间的消息接口，在编译过程中产生所使用语言的目标文件，为消息交互提供支持，同时也允许消息接口嵌套使用。目前 ROS 已经支持 Python、C++、Java、Octave 和 LISP 等多种不同的语言，也可以同时使用这些语言完成不同模块的编程。

（3）架构精简、集成度高

在已有繁杂的机器人应用中，软件的复用性是一个巨大的问题。很多驱动程序、应用算法、功能模块在设计时过于混乱，导致其很难在其他机器人或应用中进行移植和二次开发。而 ROS 框架具有的模块化特点使得每个功能节点可以进行单独编译，并且使用统一的消息接口让模块的移植、复用更加便捷。同时，ROS 开源社区中移植、集成了大量已有开源项目中的代码，如 OpenCV（Open Source Computer Vision Library）库、PCL（Point Cloud Library）库等，开发者可以使用丰富的资源实现机器人应用的快速开发。

（4）组件化工具包丰富

移动机器人的开发往往需要一些友好的可视化工具和仿真软件，ROS 采用组件化的方法将这些工具和软件集成到系统中并可以作为一个组件直接使用。如 3D 可视化工具 RViz（Robot Visualizer），开发者可以根据 ROS 定义的接口在其中显示机器人的 3D 模型、周围环境地图、机器人导航路线等信息。此外，ROS 中还有消息查看工具、物理仿真环境等组件，提高了机器人开发的效率。

（5）免费并且开源

ROS 遵从 BSD 协议，给使用者较大的自由，允许其修改和重新发布其中的应用代码，甚至可以进行商业化的开发与销售。ROS 开源社区中的应用代码按维护者分类，主要包含由 Willow Garage 公司和一些开发者设计、维护的核心库部分，以及由不同国家的 ROS 社区组织开发和维护的全球范围的开源代码。在短短的几年里，ROS 软件包的数量呈指数级增长，开发者可以在社区中下载、复用多种多样的机器人功能模块，大大加速了机器人的应用开发。

知识点二：ROS 的框架

从系统实现的角度来看，ROS 也可以分为三个层级：计算图级、文件系统级和开源社区级。

1. 计算图级

从计算图级的角度来看，ROS 软件的功能模块以节点为单位独立运行，可以分布于多个相同或不同的主机中，在系统运行时通过端对端的拓扑结构进行连接。

（1）节点

节点（node）就是一些执行运算任务的进程，一个系统一般由多个节点组成，也称软件模块。节点概念的引入使基于 ROS 的系统在运行时更加形象：当许多节点同时运行时，可以很方便地将端对端通信绘制成节点关系图，进程就是图中的节点，而端对端的连接关系就是节点之间的连线。

（2）消息

节点之间最重要的通信机制就是基于发布/订阅模型的消息（message）通信。每一个消息都是一种严格的数据结构，支持标准数据类型（整型、浮点型、布尔型等），也支持嵌套结构和数组（类似于 C 语言的结构体 struct），还可以根据需求由开发者自主定义。

（3）话题

消息以一种发布/订阅的方式传递。一个节点可以针对一个给定的话题发布消息，称为 Publisher（发布者），也可以关注某个话题并订阅特定类型的数据，称为 Subscriber（订阅者）。发布者和订阅者并不了解彼此的存在，系统中可能同时有多个节点发布或者订阅同一个话题的消息。

（4）服务

虽然基于话题的发布/订阅模型是一种很灵活的通信模式，但是对于双向的同步传输模式并不适合。在 ROS 中，称这种同步传输模式为服务，其基于客户端/服务器（Client/Server）模型，包含两部分的通信数据类型：一个用于请求，另一个用于应答，类似于 Web 服务器。与话题不同的是，ROS 中只允许有一个节点提供指定命名的服务。

（5）节点管理器

为了统筹管理以上概念，系统当中需要有一个控制器使所有节点有条不紊地执行，这就是 ROS 节点管理器（ROS Master）。ROS Master 通过 RPC 提供登记列表和对其他计算图表的查找功能，帮助 ROS 节点之间相互查找、建立连接，同时还为系统提供参数服务器，管理全局参数。ROS Master 就是一个管理者，没有它，节点将无法找到彼此，也无法交换消息或调用服务，整个系统将会瘫痪，由此可见其在 ROS 中的重要性。

2. 文件系统级

类似于操作系统，ROS 将所有文件按照一定的规则进行组织，不同功能的文件放置在不同的文件夹下。

功能包（package）：是 ROS 软件中的基本单元，包含 ROS 节点、库、配置文件等。

功能包清单（package manifest）：每个功能包都包含一个名为 package.xml 的功能包清单，用于记录功能包的基本信息，包含作者信息、许可信息、依赖选项、编译标志等。

元功能包（meta package）：在新版本的 ROS 中，将原有功能包集（stack）的概念升级为"元功能包"，主要作用都是组织多个用于同一目的的功能包。例如，一个 ROS 导航的元功能包中包含建模、定位、导航等多个功能包。

元功能包清单（Meta Package List）：类似于功能包清单，不同之处在于元功能包清单中可能会包含运行时需要依赖的功能包或者声明一些引用的标签。

消息（message）类型：消息是 ROS 节点之间发布/订阅的通信信息，可以使用 ROS 提供的消息类型，也可以使用 .msg 文件在功能包的 msg 文件夹下自定义所需要的消息类型。

服务（service）类型：定义了 ROS 客户端/服务器通信模型下的请求与应答数据类型，可以使用 ROS 提供的服务类型，也可以使用 .srv 文件在功能包的 srv 文件夹中进行定义。

代码（code）：用来放置功能包节点源代码的文件夹。

（1）功能包

①config 文件夹：放置功能包中的配置文件，由用户创建，文件名可以不同。

②include 文件夹：放置功能包中需要用到的头文件。

③scripts 文件夹：放置可以直接运行的 Python 脚本。

④sre 文件夹：放置需要编译的 C++代码。

⑤launch（启动）文件夹：放置功能包中的所有 launch 文件。

⑥msg 文件夹：放置功能包自定义的消息类型。

⑦srv 文件夹：放置功能包自定义的服务类型。

⑧action 文件夹：放置功能包自定义的动作命令。

⑨CMakeLists.txt 文件：编译器编译功能包的规则。

⑩package.xml 文件：功能包清单。

从功能包清单中可以清晰地看到该功能包的名称、版本号、信息描述、作者信息和许可信息。除此之外，<build depend></build depend>标签定义了功能包中代码编译所依赖的其他功能包，而<run depend></run depend>标签定义了功能包中可执行程序运行时所依赖的其他功能包。在开发 ROS 功能包的过程中，这些信息需要根据功能包的具体内容进行修改。ROS 针对功能包的创建、编译、修改、运行设计了一系列命令。

（2）元功能包

元功能包是一种特殊的功能包，只包含一个 package.xml 元功能包清单文件。它的主要作用是将多个功能包整合成为一个逻辑上独立的功能包，类似于功能包集合的概念。

虽然元功能包清单的 package.xml 文件与功能包的 package.xml 文件类似，但是需要包含一个引用的标签，代码如下：

```
<export>
    <metapackage/>
</export>
```

此外，元功能包清单不需要 < build depend > 标签声明编译过程依赖的其他功能包，只需要使用 < run depend > 标签声明功能包运行时依赖的其他功能包。

3. 开源社区级

ROS 开源社区中的资源非常丰富，而且可以通过网络共享以下软件和知识。

①发行版（distribution）：类似于 Linux 发行版，ROS 发行版包括一系列带有版本号、可以直接安装的功能包，这使 ROS 的软件管理和安装更加容易，而且可以通过软件集合来维持统一的版本号。

②软件源（repository）：ROS 依赖于共享网络上的开源代码，不同的组织机构可以开发或者共享自己的机器人软件。

③ROS wiki：记录 ROS 信息文档的主要论坛。所有人都可以注册、登录该论坛，并且可以上传自己的开发文档，进行更新、编写教程。

④邮件列表（mailing list）：是交流 ROS 更新的主要渠道，同时也可以交流 ROS 开发的各种疑问。

⑤ROS Answers：是一个咨询 ROS 相关问题的网站，用户可以在该网站提交自己的问题并得到其他开发者的回答。

⑥博客（blog）：发布 ROS 社区中的新闻、图片、视频。

任务 1.2　安装 Linux 操作系统

任务描述

1. 教学情景描述：安装虚拟系统；安装 Linux 操作系统；介绍 Linux 操作系统的历史。
2. 关键知识点：Linux 操作系统的安装步骤；Linux 操作系统的历史。

任务目标

知识目标：

1. 了解 Linux 操作系统的发展历史；
2. 了解 Linux 操作系统的基本概念。

能力目标：

1. 会安装 Linux 操作系统；
2. 能描述 Linux 操作系统的历史。

任务分析

　　阅读教材和搜索网站，整理 Linux 操作系统的历史，然后安装 VMware Workstation 虚拟系统和 Ubuntu 18.04 版本 Linux 操作系统。

任务准备

　　学生任务分配表如表 1 – 2 – 1 所示。

表 1 – 2 – 1　学生任务分配表

班级		组号		指导老师	
组长		组长学号			
组员		姓名	学号	姓名	学号
任务分工					

引导问题 1：了解 Linux 操作系统的历史。

（1）什么是 Linux 操作系统？Linux 操作系统的图标是什么？

_____

_____

_____

_____

_____

_____

（2）Linux 操作系统是谁设计的？请简述 Linux 操作系统诞生的过程。

_____

_____

_____

_____

_____

引导问题 2：了解 Linux 操作系统的安装。

（1）本课程需要安装 ROS 的 Melodic 版本，请问应该提前安装哪一个版本的 Linux 操作系统？说出 Linux 操作系统的两种安装方式，并列出各自的优缺点。

_____

_____

_____

_____

_____

_____

（2）既然用的是 ROS，为什么要学习 Linux 操作系统？

_____

_____

_____

_____

_____

小提示

如果说到 Linux 操作系统的图标，大家一定会想到一只可爱、友善的小企鹅，其实 Linux 的开发者 Linus 将小企鹅作为 Linux 操作系统的吉祥物有一段有趣的故事。因为 Linus 曾在澳大利亚的动物园中被一只小企鹅咬过手指，被染上了一种罕见的疾病"penguinitis"。此病会使人于半夜失眠，Linus 说他失眠时"不断想着自己是如何地爱企鹅"，所以后来有人提出要为 Linux 设计一个吉祥物时，小企鹅便浮现于 Linus 的脑海中，Linus 后来还帮这只可爱的胖企鹅起名为 Tux。

任务实施

1. 制订方案

工作方案如表1-2-2所示。

表1-2-2 工作方案

步骤	工作内容	负责人
1		
2		
3		
4		
5		
6		
7		
8		

2. 列出仪表、工具、耗材和器材清单

器具清单如表1-2-3所示。

表1-2-3 器具清单

序号	名称	型号与规格	单位	数量	备注

3. 进行决策

(1) 各组派代表阐述方案。

(2) 各组对其他组的设计方案提出自己不同的看法。

(3) 教师结合大家完成的情况进行点评,选出最佳方案。

4. 工作实施

(1) 简要记录 Linux 操作系统的历史。

(2) 安装虚拟系统和 Linux 操作系统。

步骤 1:双击安装包中的 VMware – workstation – full – 12.5.4 – 5192485 文件,按照提示进行安装(目标文件夹任选)。

步骤 2:重启计算机,打开 VMware Workstation,界面如图 1 – 2 – 1 所示(顺利打开,则表示 VMware Workstation 安装成功)。

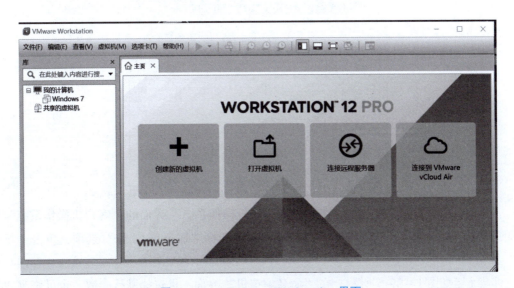

图 1 – 2 – 1　VMware Workstation 界面

步骤 3:如图 1 – 2 – 2 所示,单击"创建新的虚拟机"按钮,弹出"新建虚拟机向导"对话框,在"欢迎使用新建虚拟机向导"界面中选择"典型(推荐)"选项,然后单击"下一步"按钮。

查阅 ROS 资料

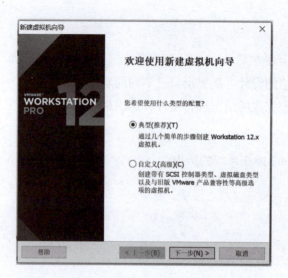

图 1 – 2 – 2 "欢迎使用新建虚拟机向导"界面

步骤 4：如图 1 – 2 – 3 所示，在"安装客户机操作系统"界面中选择"稍后安装操作系统"选项，然后单击"下一步"按钮。

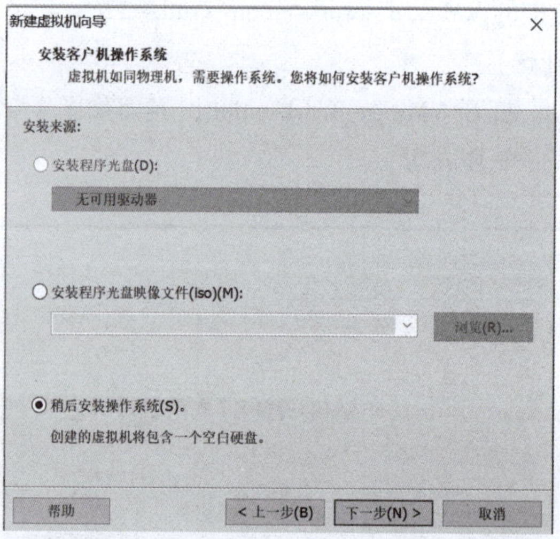

图 1 – 2 – 3 "安装客户机操作系统"界面

步骤 5：如图 1 – 2 – 4 所示，在"选择客户机操作系统"界面的"客户机操作系统"选项组中选择 Linux 选项，在"版本"下拉列表框中选择"Ubuntu 64 位"选项，单击"下一步"按钮。

步骤 6：如图 1 – 2 – 5 所示，在"命名虚拟机"界面，可选择默认参数，也可修改"虚拟机名称"和目标文件夹（即安装"位置"），然后单击"下一步"按钮。

步骤 7：如图 1 – 2 – 6 所示，在"指定磁盘容量"界面中，"最大磁盘大小（GB）"设置为 20.0，其他选择默认选项，然后单击"下一步"按钮。

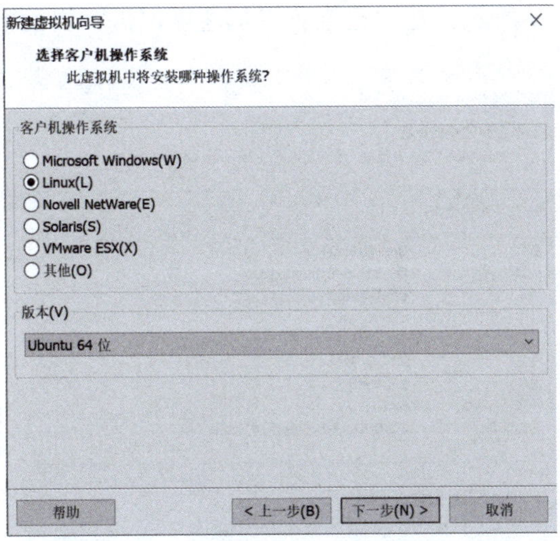

图 1－2－4 “选择客户机操作系统”界面

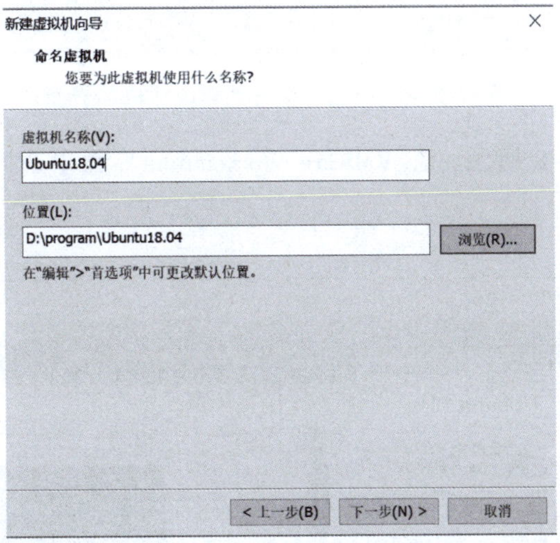

图 1－2－5 “命名虚拟机”界面

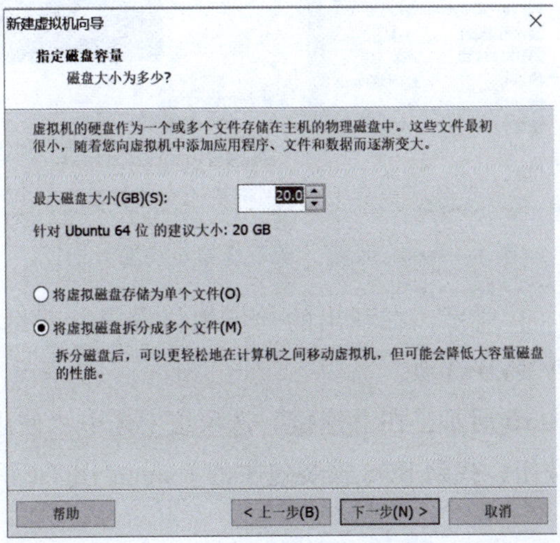

图 1－2－6 “指定磁盘容量”界面

步骤8：如图1-2-7所示，在"已准备好创建虚拟机"界面中单击"完成"按钮。

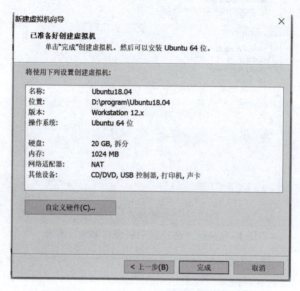

图1-2-7　"已准备好创建虚拟机"界面

步骤9：如图1-2-8所示，在 VMware Workstation 界面中选择"Ubuntu 18.04"→"编辑虚拟机设置"选项。

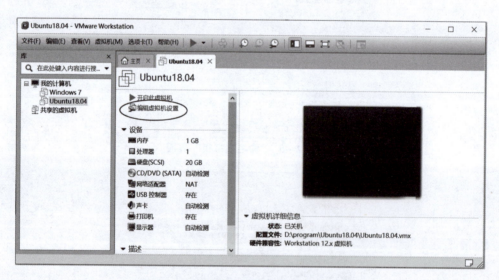

图1-2-8　选择"编辑虚拟机设置"选项

步骤10：如图1-2-9所示，在弹出的"虚拟机设置"对话框中，虚拟机内存选择2 GB 以上，然后选择 CD/DVD 选项。

步骤11：如图1-2-10所示，在"连接"选项组中选中"使用 ISO 映像文件"单选按钮，然后单击"浏览"按钮，找到 ROS 安装包中的 Ubuntu 18.04 镜像文件并选择，然后单击"确定"按钮。

图 1 - 2 - 9　"虚拟机设置"对话框

图 1 - 2 - 10　使用 ISO 映像文件

步骤12：如图1－2－11所示，在Ubuntu 18.04－VMware Workstation界面中选择"开启此虚拟机"选项，之后进入安装过程，需要几分钟的时间，请稍等。

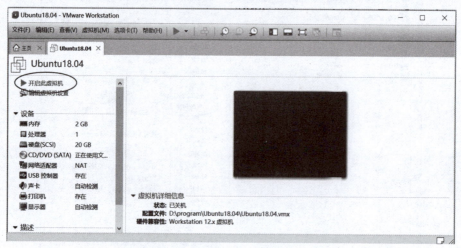

图1－2－11　选择"开启此虚拟机"选项

步骤13：如图1－2－12所示，在"安装"对话框中的"欢迎"界面中，首先选择左侧的"中文（简体）"选项，然后单击右侧"安装Ubuntu"按钮。

图1－2－12　"欢迎"界面

步骤14：如图1－2－13所示，在"键盘布局"界面，不需要更改，单击"继续"按钮。

步骤15：如图1－2－14所示，在"更新和其他软件"界面中取消勾选"安装Ubuntu时下载更新"复选框，单击"继续"按钮。

步骤16：如图1－2－15所示，在"安装类型"界面，不需要更改，然后单击"现在安装"按钮。之后会提示"将改动写入磁盘吗"，单击"继续"按钮。

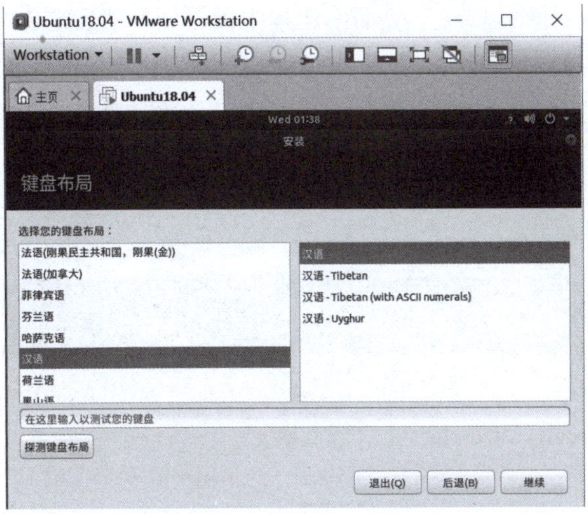

图 1 - 2 -13　"键盘布局"界面

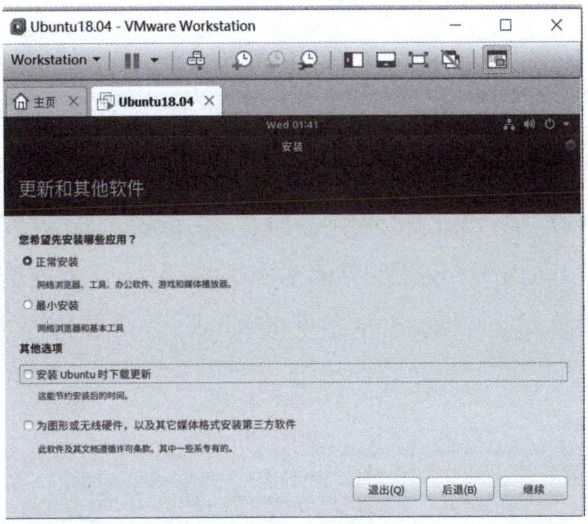

图 1 - 2 -14　"更新和其他软件"界面

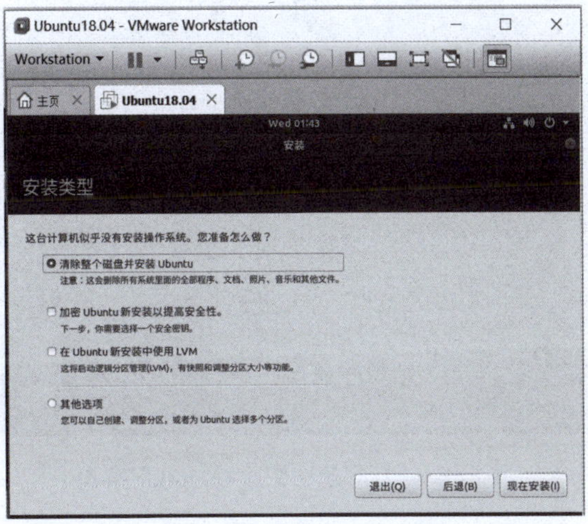

图 1 - 2 -15　"安装类型"界面

步骤17：在"您在什么地方？"界面中选择中国区域，然后单击"继续"按钮。

步骤18：如图1-2-16所示，在"您是谁？"界面中，输入姓名、计算机名、用户名、密码等内容，可以随便填写，记住自己的密码，然后单击"继续"按钮。

图1-2-16 "您是谁？"界面

步骤19：图1-2-17所示为"欢迎使用Ubuntu"界面，此处安装过程有点长，请耐心等待（大概需要10 min，安装中不要对界面做其他操作，以免安装失败，如果网速太慢，也可单击"Skip"按钮跳过，后面再补充安装即可）。安装完成后，单击"现在重启"按钮。

图1-2-17 "欢迎使用Ubuntu"界面

步骤20：进入图1-2-18所示的启动界面时，按Enter键。

步骤21：在图1-2-19所示的界面单击，输入密码登录。

图 1 - 2 - 18　启动界面

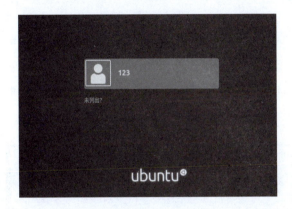

图 1 - 2 - 19　登录界面

步骤 22：出现图 1 - 2 - 20 所示的界面时，说明 Ubuntu 安装成功。

图 1 - 2 - 20　Ubuntu 安装成功界面

步骤 23：关闭 Ubuntu，在 VMware Workstation 界面中选择 "Ubuntu 18.04" → "编辑虚拟机设置" → "CD/DVD" 选项，然后在 "连接" 选项组中改为选择 "使用物理驱动器" 选项，如图 1 - 2 - 21 所示，单击 "确定" 按钮，退出，然后再次启动。

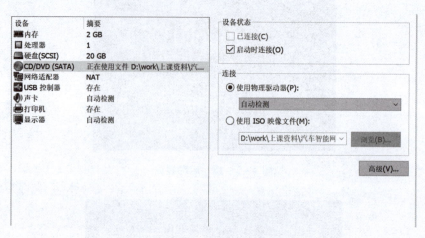

图 1 – 2 – 21　使用物理驱动器

启动时，会出现图 1 – 2 – 22 所示界面，单击"否"按钮。之后就能正常使用 Ubuntu 操作系统了。

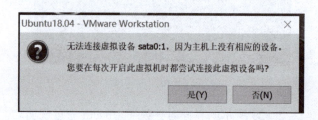

图 1 – 2 – 22

注意：如果 Ubuntu 终端的命令行中不能复制粘贴 Windows 界面中的语句，在 Ubuntu 终端的命令行中执行以下命令：

```
sudo apt – get autoremove open – vm – tools
sudo apt – get install open – vm – tools
sudo apt – get install open – vm – tools – desktop
```

然后重启 Ubuntu 就可以了。

如果 open – vm – tools 安装不成功，首先执行以下命令：

```
sudo apt – get update
```

然后再次执行上面 3 的条命令。

任务评价

各组派代表展示成果，介绍任务的完成过程，然后完成评价表 1 – 2 – 4。

表 1－2－4　评价表

班级			姓名		学号	
任务 1.2　安装 Linux 操作系统						
评价项目		满分	自我评价 （权重 20%）	组员互相评价 （权重 30%）	教师评价 （权重 50%）	综合评价
专业能力 考核项目 （60%）	会安装 Linux 操作系统	30				
	能描述 Linux 操作系统的历史	30				
职业素养 考核项目 （40%）	团队合作	10				
	引导问题填写	10				
	资料查找	10				
	成果展示	10				
总分			教师意见 及签名			

知 识 链 接

知识点：Linux 操作系统的历史

1. 什么是 Linux

Linux 是一种免费使用的类 UNIX 操作系统，最初是由芬兰人 Linus Torvalds 于 1991 年开发的，目前由来自世界各地的爱好者开发和维护。Linux 是一套遵从 POSIX（可移植操作系统接口）规范的操作系统，与 UNIX System V 和 BSD UNIX 操作系统兼容。BSD UNIX 和 UNIX System V 是 UNIX 操作系统的两大主流，目前的 UNIX 操作系统都是这两种系统的衍生产品。对于 UNIX System V 系统而言，目前把软件程序源代码在 Linux 环境下重新编译之后就可以运行；而对于 BSD UNIX 系统而言，它的可执行文件可以直接在 Linux 环境下运行。但是，Linux 源代码不源于任何版本的 UNIX，即 Linux 并不是 UNIX，而是仅模仿 UNIX 的用户界面和功能，是一个类似于 UNIX 的产品。Linux 自诞生以来，凭借其稳定、安全、高性能和高扩展性等优点，得到广大用户的欢迎，成为目前最为流行的操作系统之一。严格来讲，Linux 这个词本身只表示 Linux 内核，但人们已经习惯了用 Linux 来形容整个基于 Linux 内核并且使用 GNU 工程各种工具和数据库的操作系统。

为了推广 Linux 操作系统，最初 Linus 向赫尔辛基大学申请 FTP 服务器空间，可以让其

项目 1　查阅 ROS 资料

他人下载 Linux 的公开版本。当时 Linus 为这个操作系统取名为 Freax，即由"Free（自由）+ Freak（怪诞）+ X"组成，不过负责 FTP 站点的管理员阿里莱姆克非常不喜欢这个名字，却喜欢 Linus 当时正在使用的另一个名字 Linux。由于当时 Linus 没有太坚持原来的名称，因此这个操作系统从此就被命名为 Linux。

2. Linux 的成长及发展

1991 年 4 月，Linus Torvalds 不满意 MINIX 这个教学用的操作系统。出于爱好，根据可在低档机上使用的 MINIX 设计了一个系统核心 Linux 0.01，但没有使用任何 MINIX 或 UNIX 的源代码。他通过 USENET（新闻组）宣布这是一个免费的系统，主要在 X86 计算机上使用，希望大家一起将它完善，并将源代码放到了芬兰的 FTP 服务器上供大家免费下载。

到了 1992 年，大约有 1 000 人在使用 Linux 操作系统，值得一提的是，他们基本上都属于真正意义上的黑客（hacker）。

1994 年 3 月，Linux 1.0 发布，代码量 17 万行，当时是按照完全自由免费的协议发布，随后正式采用 GPL 协议。从此，Linux 源代码开发进入良性循环。这时，很多系统管理员开始在自己的操作系统环境中尝试使用 Linux 操作系统，并将修改的代码提交给核心小组。由于拥有了丰富的操作系统平台，因此 Linux 源代码中也充实了对不同硬件系统的支持，大大提高了跨平台移植性。

1998 年是 Linux 操作系统迅猛发展的一年：1 月，小红帽高级研发实验室成立，同年 RedHat 5.0 获得了 InfoWorld 的操作系统奖项；4 月，Morilla 代码发布，成为 Linux 图形界面上的王牌浏览器。

2002 年是 Linux 企业化的一年：2 月，微软公司迫于各州政府的压力，宣布扩大公开代码行动，这是 Linux 开源带来的深刻影响的结果；3 月，内核开发者宣布新的 Linux 操作系统支持 64 位的计算机。

2003 年 1 月，NEC 宣布将在其手机中使用 Linux 操作系统，代表着 Linux 成功进军手机领域；2003 年 9 月，中科红旗发布 Red Flag Server 4 版本，性能改进良好。

自 20 世纪 90 年代初 Linux 操作系统出现后，Linux 技术首先在个人爱好者的圈子里迅速发展起来。此后，随着 Internet 的迅猛发展，在 RedHat、Suse 等主要 Linux 发行商的努力下和 IBM、英特尔等的大力支持下，Linux 操作系统在服务器领域得到了长足的发展，在中、低端服务器市场中已经成为 UNIX 和 Windows NT 操作系统强有力的竞争对手，在高端应用的某些方面，如 SMP、Cluster 集群等，已经动摇了传统 UNIX 操作系统的统治地位。近两年，由于政府上网工程、电子政务、电子商务等的不断发展，Linux 桌面技术也越来越受到用户和厂家的重视。在国内，中标软件、红旗等厂家相继推出了多款 Linux 桌面产品，在政府采购、OEM 等领域占据了重要市场，Linux 桌面技术也得到了长足的发展。

目前，Linux 技术已经成为 IT 技术发展的热点，投身于 Linux 技术研究的社区、研究机构和软件企业越来越多，支持 Linux 操作系统的软件开发商、硬件制造商和解决方案提供商也迅速增加，Linux 操作系统在信息化建设中的应用范围也越来越广，产业链已初步形成，并正在持续完善。随着整个 Linux 产业的发展，Linux 技术也处在快速发展的过程中，形成了若干个技术热点。下面，对 Linux 桌面技术介绍最新的 Linux 发展动态和未来的发展趋势。操作系统和办公套件为家庭、企业、政府及其他领域提供了基础使用环境，必须适应、满足实际使用模式的多样性与硬件平台的差异性，如移动终端、个人工作站、商业办公、政府协同处理及国内外硬件平台的差异性，所以操作系统和办公套件是"体验式"信息时代最具代表性的基础信息化工具软件，同时也是软件、应用、服务的使用基础平台。

目前流行的操作系统主要包括两大类：第一类是主流商业桌面系统，包括微软的 Windows 系列、Apple 的 Macintosh 等；第二类是基于自由软件的操作系统，特别是 Linux 操作系统。从应用的广泛程度来讲，微软的 Windows 系列占有绝对优势，Macintosh 也有一定市场，Linux 操作系统的发展趋势也非常迅猛。

分析 Linux 操作系统的未来发展，必须看到 Windows、Macintosh 等领先者的技术趋势。从 Windows、Macintosh 的最新发展来看，未来几年内操作系统的发展呈现如下一些特点。

首先，随着普通计算、移动计算的发展，个人桌面、个人应用已经不仅仅局限于 PC 这样的传统计算机设备，如何满足新的计算模式将成为下一代桌面系统成败的关键。

其次，针对不同的应用人群，操作系统也在分化出不同的功能，满足不同人群的需求。例如，针对追求娱乐、时尚的人群，各操作系统纷纷通过与硬件的配合，提供更强大的 3D 功能和显示加速功能，推出更酷更炫的 3D 桌面，提供功能更强大的多媒体播放器，支持对硬件要求越来越高的 3D 游戏，等等；针对办公人群，提供基于内容的桌面搜索工具，提供功能更强大的信息治理、日程治理等工具。

再次，操作系统安全性越来越受到重视。特别是通过与 TPM 等硬件安全技术的结合，使桌面安全性得到进一步增强。

最后，对于操作系统用户最关心的易用性方面，仍然在持续发展。今后的操作系统肯定会更加易学、易用、易于治理。对于 Linux 操作系统而言，当前的技术热点同样集中在 3D 桌面、桌面搜索、桌面安全性、界面友好性等方面。当然，对于 Linux 这样的开源软件，针对不同应用环境，对系统进行定制是必不可少的。

项目 2

Linux 操作系统的相关操作

在项目 1，完成了 Ubuntu18.04 版本 Linux 系统的安装，其开机界面如图 2-0-1 所示。Ubuntu 以桌面应用为主，并且基于 Linux 操作系统，支持 X86、Amd64 和 PPC 架构，Ubuntu 中有很多文件，这些文件包括系统文件和配置文件。在 Linux 操作系统下，一切皆文件。如果想要使用文件，就需要使用操作文件的命令，通过 Terminal 中的命令行来实现文件的移动及配置。在了解了文件的基本操作命令之后，再继续了解文件的基本特点和编辑器。

图 2-0-1 Ubuntu 开机界面

在本项目中，需要创建、修改、删除和编辑文件。这需要 Linux 相关网站资料，Linux 基本操作命令、文件相关概念和文件编辑器等知识。

综上所述，项目 2 的课程设计如表 2-0-1 所示。

表 2-0-1 操作 Linux 系统

序列	学习单元	学习目标简介	学时
1	学习 Linux 操作系统的基本操作（1）	了解 shell 及其命令的基本格式； 能操作 date，cal 和 bc 命令	2

序列	学习单元	学习目标简介	学时
2	学习 Linux 操作系统的基本操作（2）	会使用两个重要的快捷键； 能操作 man 命令； 会使用关机和重启命令	2
3	管理 Linux 操作系统的文件权限	了解用户、用户组和文件权限的概念； 会使用命令改变默认权限； 会使用命令切换一般用户和系统管理员	2
4	管理 Linux 操作系统的目录	了解根目录和目录树的概念； 了解相对路径和绝对路径的区别； 能够切换、显示、新建和删除目录	4
5	管理 Linux 操作系统的文件	能够查看、复制、删除和移动文件	2
6	操作 vim 程序编辑器	了解 vim 的作用； 会操作 vim	4

任务 2.1　学习 Linux 操作系统的基本操作（1）

任务描述

1. 教学情景描述：教师介绍 shell 及其命令行的基本格式；指导学生在计算机上操作 date，cal 和 bc 命令。

2. 关键知识点：shell 及其命令行的基本格式；date，cal 和 bc 命令。

任务目标

知识目标：

1. 了解 shell 的概念；

2. 了解命令行的基本格式。

能力目标：

能操作 date，cal 和 bc 命令。

任务分析

阅读教材和搜索网站，然后听教师讲解 PPT，之后写出 shell 的概念。

在教师的指导下，完成 date，cal 和 bc 命令的操作。

任务准备

学生任务分配表如表 2 – 1 – 1 所示。

表 2 – 1 – 1　学生任务分配表

班级		组号		指导老师	
组长		组长学号			
组员		姓名	学号	姓名	学号
任务分工					

引导问题 1：了解 shell。

（1）什么是 shell？

_____

_____

_____

（2）shell 有哪些版本，大多数 Linux 默认的是哪一版本？写出它们的缩写名词。

_____

_____

_____

引导问题 2：了解 date，cal 和 bc 命令。

（1）date 命令有什么作用？

_____

_____

_____

（2）cal 命令有什么作用？

_____

_____

_____

（3）bc 命令有什么作用？

_____

_____

_____

 小提示

其实用户都是通过"程序"在跟系统通信的。通过命令行模式登录系统后所获得的程序称为 shell，这个程序负责跟最外层的用户通信。

其实整个命令执行的方式很简单，执行命令的格式如下。

```
command [ -options] parameter1 parameter2
命令名      选项      参数1      参数2
```

说明如下。

（1）一行命令中第一个输入的部分必须是命令名或可执行文件，command 为命令的名称，如变换路径的命令名为 cd 等。

（2）"[ ]"并不存在于实际的命令中，而加入参数设置时，通常参数前会带"-"号，如 -h；有时候会使用参数的完整全名，则参数前带有"--"符号，如 --help。

（3）parameter1 parameter2 为依附在 options 后面的参数，或者是 command 的参数。

（4）命令名、选项、参数中间以空格来区分，不论空几格，shell 都视为空一格。

（5）按 Enter 键后，该命令就立即执行。Enter 键代表着一行命令的开始启动。

（6）命令太长的时候，可以使用反斜杠（\）来转义回车符，使命令连续到下一行。

注意：反斜杠后立刻接特殊字符，才能转义。在 Linux 操作系统中，英文大小写字母是不一样的。例如，cd 与 CD 并不同。

注意：上面的说明中，第一个被输入的数据绝对是命令名或者是可执行文件，这个是很重要的概念。还有，按 Enter 键表示要开始执行此条命令的意思。下面来实际操作一下：以 ls 这个"命令"列出"自己主文件夹（~）"下的"所有隐藏文件与相关的文件属性"，要实现上述的要求需要加入 -al 这样的参数，所以：

```
[vbird@www ~]$ ls -al ~
[vbird@www ~]$ ls        -al ~
[vbird@www ~]$ ls -a -l ~
```

上面这 3 个命令的执行结果是一样的。为什么？请参考上面的说明。

此外，请特别注意，在 Linux 环境中，大小写字母是不一样的即 VBird 与 vbird 这两个文件是"完全不一样的"文件。所以，在执行命令的时候一定要注意命令是大写还是小写。例如，输入下面这些命令，看看有什么现象。

```
[vbird@www ~]$ date #  结果显示日期与时间
[vbird@www ~]$ Date #结果显示找不到命令
[vbird@www ~]$ DATE #结果显示找不到命令
```

由于大小写不同，有的会显示错误的信息。因此，请一定注意命令的大小写。

任务实施

1. 制订方案。

工作方案如表 2 - 1 - 2 所示。

表 2 - 1 - 2　工作方案

步骤	工作内容	负责人
1		
2		
3		
4		
5		
6		
7		
8		

2. 列出仪表、工具、耗材和器材清单。

器具清单如表 2 - 1 - 3 所示。

表 2 - 1 - 3　器具清单

序号	名称	型号与规格	单位	数量	备注

序号	名称	型号与规格	单位	数量	备注

3. 进行决策

（1）各组派代表阐述方案。

（2）各组对其他组的设计方案提出自己不同的看法。

（3）教师结合大家完成的情况进行点评，选出最佳方案。

4. 工作实施

（1）简述 shell 的概念。

（2）操作基础命令。

下面来操作几个简单的命令。

显示日期与时间的命令：date；

显示日历的命令：cal；

简单好用的计算器：bc。

①显示日期与时间的命令：date。

如果在文字界面中想要知道目前 Linux 操作系统的时间，直接在命令行模式输入 date，即可显示，如图 2-1-1 所示。

图 2-1-1　显示 Linux 操作系统的时间

上面显示为 "2021 年 06 月 26 日星期六 12：31：30 CST"。如果想让这个程序显示出 "2009/08/17" 这样的日期显示方式呢？可以使用 date 的相关功能，如图 2-1-2 所示。

图 2-1-2　显示格式化的日期

其中" + ％Y％m％d"就是 date 命令的一些参数功能。怎么知道这些参数？要背下来吗？当然不需要，后面会介绍如何查这些参数。

从本例子也可以知道，命令名之后的参数除了前面带有"－"之外，某些特殊情况下，参数前面也会带有"＋"的情况。

②显示日历的命令：cal。

如果要列出本月的月历，直接执行 cal 命令即可，如图 2－1－3 所示。

图 2－1－3　显示本月月历

除了本月的月历之外，今日日期会有反白的显示。cal 命令的功能还很多，可以显示整年的月历，如图 2－1－4 所示。

图 2－1－4　显示整年月历

cal 的命令格式为：

```
cal [[month] year]
```

所以，如果想要知道 2021 年 10 月的月历，可以直接执行如下命令，如图 2－1－5所示。

图 2 - 1 - 5　显示 2021 年 10 月的月历

请问 2021 年有没有 13 月？测试下这个命令的正确性，可以执行如图 2 - 1 - 6 所示的命令查看。

图 2 - 1 - 6　测试 cal 13 2021 命令的正确性

结果显示 13 是错误的月份，请使用 1..12 这样的信息。所以，可以使用 cal 命令获得日历上面的日期。另外，通过 cal 命令的练习也可以知道，某些命令有特定的参数要求，若输入错误的参数，则该命令会有错误信息提示，通过提示可以了解命令执行错误之处。

③简单好用的计算器：bc。

如果在命令行模式，突然想要做一些简单的加减乘除运算，偏偏手边又没有计算器。这个时候要笔算吗？当然不需要。Linux 操作系统可以提供一个计算程序，那就是 bc。在命令行输入 bc 后，会显示出版本信息，之后就进入到等待指示的阶段。如图 2 - 1 - 7 所示。

图 2 - 1 - 7　计算器 bc

实际上，是进入到 bc 软件的工作环境中了。就好像在 Windows 操作系统里面使用“计算器”一样。所以下面尝试输入的数据，都是在 bc 软件当中进行运算的操作。所以输入的数据需要符合 bc 的要求。在介绍基本的 bc 计算器操作之前，先介绍几个使用的运算符号。

　+：加法。

　-：减法。

　/：除法。

^：指数。

%：余数。

使用 bc 计算如图 2 – 1 – 8 所示。

```
a123@123:~$ bc
bc 1.07.1
Copyright 1991-1994, 1997, 1998, 2000, 2004, 2006, 2008, 2012-2017 Free Softwar
e Foundation, Inc.
This is free software with ABSOLUTELY NO WARRANTY.
For details type `warranty'.
1+2+3+4
10
7-8+3
2
10*52
520
10%3
1
10^2
100
10/100
0
quit
a123@123:~$
```

图 2 – 1 – 8　使用 bc 计算器示例

在本例中，带有计算符号的式子表示输入的数据，而在每个输入数据的下面就是输出的结果。每个计算结果都还算正确，为什么 10/100 计算结果是 0 呢？这是因为 bc 计算默认仅输出整数，如果要输出全部小数，需要先执行 scale = number，number 就是小数点后的位数，如图 2 – 1 – 9 所示。

```
a123@123:~$ bc
bc 1.07.1
Copyright 1991-1994, 1997, 1998, 2000, 2004, 2006, 2008, 2012-2017 Free Softwar
e Foundation, Inc.
This is free software with ABSOLUTELY NO WARRANTY.
For details type `warranty'.
scale=3
1/3
.333
340/2349
.144
quit
a123@123:~$
```

图 2 – 1 – 9　使用 bc 计算器输出小数

注意：要离开 bc 回到命令提示符时，必须输入 quit 退出 bc 的软件环境。

从本任务的练习可以知道在命令行模式里面执行命令时，会有两种主要的情况：一种是该命令会直接显示结果，然后回到命令提示符等待下一个命令的输入；另一种是进入到该命令的环境，直到退出该命令才回到命令提示符的环境。

任务评价

各组派代表展示成果，介绍任务的完成过程，然后完成评价表 2 – 1 – 4。

表 2 – 1 – 4　评价表

班级		姓名		学号	
任务 2.1　学习 Linux 操作系统的基本操作（1）					
评价项目		满分	自我评价（权重 20%）	组员互相评价（权重 30%）	教师评价（权重 50%）	综合评价
专业能力考核项目（60%）	了解 shell 及其命令的基本格式	30				
	能操作 date，cal 和 bc 命令	30				
职业素养考核项目（40%）	团队合作	10				
	引导问题填写	10				
	资料查找	10				
	成果展示	10				
总分			教师意见及签名			

知 识 链 接

知识点：shell 是什么

1. shell 的作用

shell 的英文本意是"壳"。它形象地说明了 shell 在 Linux 操作系统中的作用。如图 2 – 1 – 10 所示，shell 就是紧包在 Linux 内核外面的外壳程序。用户让操作系统做的所有任务，都是通过 shell 与系统内核的交互来完成的。shell 所处的地位相当于 DOS 中的 command. com 程序，但比 command. com 的功能更加强大。

shell 是用户与操作系统的内核之间的接口，是系统的用户界面，并且具有相当丰富的功能。利用 shell 可以编写出代码简洁但功能很强的脚本文件。

shell 提供了用户与操作系统之间通信的方式，可以通过交互方式（从键盘输入，可以立即得到响应）执行，也可以通过非交互方式（shell 脚本方式）执行。这里的 shell 脚本是放在文件中的一串 shell 和操作系统命令，它们可以重复使用，本质上，shell 脚本是将命令行中的命令简单地组合到一个文件中。

此外，shell 还可分为交互式 shell 和非交互式 shell。其中，交互式模式是指 shell 等待用户的输入，并且执行用户提交的命令，由于需要与用户进行交互，因而称为交互式 shell，这种模式也是大多数用户所熟悉的：登录、执行一些命令、退出，当用户退出系统后，shell 也就终止了。shell 也可以在非交互式模式下运行，在这种模式下，shell 不与用户进行交互，而是读取存放在文件中的命令，并且执行它们，当读到文件结尾时，shell 将终止。

shell 是用户和 Linux 内核之间的接口程序，如果把 Linux 内核想象成一个球体的中心，那么 shell 就是围绕内核的外层。当从 shell 或者其他程序向 Linux 传送命令时，内核就会作出相应的反应。shell 作为一个命令语言解释程序，拥有内建的 shell 命令集，shell 也能被系统中其他应用程序调用。用户在提示符后输入的命令都是先由 shell 解释，然后再传给 Linux 内核。

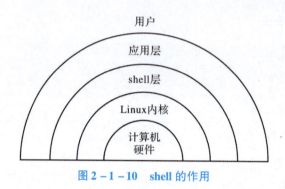

图 2 – 1 – 10   shell 的作用

2. shell 的特点

Linux 操作系统为用户提供了 shell 高级程序设计语言，极大地方便了管理人员对系统的维护和一般用户的应用开发，提高了编程效率。shell 具有以下特点。

①对已有命令进行适当组合，构成新的命令，而且组合方式很简单。

②提供了文件名扩展字符（通配符，如 " * " " ? " " [ ] "），使得用单一的字符串可以匹配多个文件名，省去了输入一长串文件名的麻烦。

③可以直接使用 shell 的内置命令，而不需要创建新的进程，如 shell 中提供的 cd，help，kill，pwd，echo，alias，unalias，bg，fg，exit，export，fc，read，readonly 等命令。为防止因某些 shell 不支持这类命令而出现问题，许多命令都提供了对应的二进制代码，从而也可以在新进程中运行。

④允许灵活地使用数据流，提供通配符、输入输出重定向、管道线等机制，方便了模式匹配、I/O 处理及数据传输。

⑤结构化的程序模块，提供了顺序流程控制、分支流程控制及循环流程控制等。

⑥提供了可配置的环境，允许用户创建和修改命令、命令提示符及其他系统行为。

⑦提供一个高级的命令语言，允许用户能创建从简单到复杂的程序。这些 shell 程序称为 shell 脚本。利用 shell 脚本，可把用户编写的可执行程序与 Linux 命令结合在一起，可以作为新的命令使用，从而便于用户开发新的命令。

3. shell 的主要版本

Linux 系统提供了多种版本的 shell，供用户根据不同的需要来选择。每种版本 shell 的基本功能类似，但又都有其各自独特的功能。如果掌握了一种版本的 shell，就可以比较轻松地掌握另一种版本的 shell。在 Linux 操作系统中，常见的 shell 版本有以下几种。

Bourne shell(sh)：是 UNIX 操作系统最初使用的 shell，并且在每种 UNIX 版本上都可以使用。它在 shell 编程方面相当优秀，但处理与用户的交互方面不如其他几种 shell。

C shell(csh)：最初由 Bill Joy 编写，更多地考虑了用户界面的友好性，支持命令补齐等一些 sh 所不支持的特性，但其编程接口做得不如 sh。csh 被很多 C 程序员使用，因为 csh 的语法和 C 语言很相似，csh 也由此得名。

Korn shell(ksh)：集合了 csh 和 sh 的优点，并且与 sh 完全兼容。

Bourne Again shell(bash)：是大多数 Linux 操作系统的默认 shell。它是 sh 的扩展，并与 sh 完全向后兼容，而且在 sh 的基础上增加和增强了很多特性。bash 放在/bin/bash 中，它有许多特色，可以提供自动补全命令行、命令行编辑及命令历史列表等功能。它还包含了很多 csh 和 ksh 中的优点，有灵活强大的编程接口，同时又有很友好的用户界面。向后兼容，又称向下兼容，在计算机中指在一个程序或者类库更新到较新的版本后，用旧的版本程序创建的文档或系统仍能被正常操作或使用，或在旧版本的类库的基础上开发的程序仍能正常编译运行的情况。

Tesh：是 csh 的一个扩展版本，与 csh 完全向后兼容，但它包含了更多使用户感觉方便的新特性，其最大的改进是在命令行编辑和历史浏览方面。它不仅与 bash 提示符兼容，而且还提供比 bash 更多的提示符参数。

Pdksh：是一个专门为 Linux 操作系统编写的 ksh 的扩展版本。ksh 是一个商用 shell，不能免费提供，而 Pdksh 是免费的。

此外，其他常见的 shell 还有 ash、zsh 等。在 Red Hat Linux 中，系统默认提供给每个用户的 shell 是 bash。

任务 2.2　学习 Linux 操作系统的基本操作（2）

任务描述

1. 教学情景描述：教师一边讲解 PPT，一边指导学生在计算机上操作命令。

2. 关键知识点：重要的 Tab，Ctrl + C 快捷键；man 命令；shutdown，reboot 和 poweroff 命令。

任务目标

知识目标：

1. 了解快捷键的概念；

2. 了解命令的查询方法。

能力目标：

1. 会使用两个重要的快捷键；

2. 能操作 man 命令；

3. 会使用关机和重启命令。

任务分析

在教师的指导下，完成下列任务：

1. Tab，Ctrl + C 快捷键的操作；

2. man 命令的操作；

3. shutdown，reboot 和 poweroff 命令的操作。

任务准备

学生任务分配表如表 2 – 2 – 1 所示。

表 2 – 2 – 1　学生任务分配表

班级		组号		指导老师	
组长		组长学号			
组员		姓名	学号	姓名	学号
任务分工					

引导问题 1：了解两个重要的快捷键。

（1）Tab 快捷键有什么作用？

_____

_____

_____

（2）Ctrl + C 快捷键有什么作用？

_____

_____

_____

📖 **小提示**

输入命令：

```
man
```

然后按使用 Tab 键查看 Linux 中有多少命令了。

引导问题 2：了解 man 命令。

（1）Linux 中有多少种命令？你能记住所有命令的使用方法吗？

_____

_____

_____

（2）man 命令有什么作用？

_____

_____

_____

📖 **小提示**

要想精通 Linux 或其他 UNIX 类的操作系统，只需要掌握如何使用 man 命令。man 命令实际上就是查看命令用法的帮助工具，man 是 manual（手册）的缩写，它提供详尽的英文说明，建议在需要时查看，平常记住一些基本用法就可以了。

例如，要找打印的相关命令，只需记得 lp(line print) 就行。先输入 man lp 命令，查看相关用法说明，再使用 Tab 键找到任何以 lp 为开头，且与打印可能有点相关的命令后，再用 man 去查询命令的用法。

任务实施

1. 制订方案

工作方案如表 2-2-2 所示。

表 2-2-2　工作方案

步骤	工作内容	负责人
1		
2		
3		
4		
5		
6		
7		
8		

2. 列出仪表、工具、耗材和器材清单

器具清单如表 2-2-3 所示。

表 2-2-3　器具清单

序号	名称	型号与规格	单位	数量	备注

3. 进行决策

（1）各组派代表阐述方案。

（2）各组对其他组的设计方案提出自己不同的看法。

（3）教师结合大家完成的情况进行点评，选出最佳方案。

4. 工作实施

（1）在 shell 中分别输入 shutdown，reboot 和 poweroff 命令，看看有什么现象。

（2）输入命令：

/sbin/shutdown −h +1'shutdown after in 1 min'

（3）输入命令：

/sbin/shutdown −r +1'shutdown after in 1 min'

（4）输入命令：

/sbin/shutdown −r +1'shutdown after in 3 min'

接着马上输入命令：

shutdown −c

（5）输入命令：

shutdown −r +1 'shutdown after in 1 min'

接着马上输入命令：

shutdown −c

（6）输入命令：

man shutdown

查看时需要翻屏或翻行，操作如下。

按 Space（空格）键：向后翻一屏。

按 b 键（小写状态下）：向前翻一屏。

按 Enter（回车）键：向后翻一行

按 k 键（小写状态下）：向前翻一行。

查看时需要查找，操作如下。

按/键后输入关键词：向后查找关键词。

按 n 键（小写状态下）：下一个匹配项。

按？键后输入关键词：向前查找关键词。

按 N 键（大写状态下）：上一个匹配项。

最后根据提示退出查看页面。

（7）分别用 man 命令查看 reboot 和 poweroff 命令的用法，然后尝试用 poweroff 加参数的方式进行重启。成功后，将命令写在下面。

（8）输入命令：

Find /

然后按快捷键:

Ctrl + C

(9) 一边输入命令，一边按 Tab 键:

/proc/1330/task/1332

任 务 评 价

各组派代表展示成果，介绍任务的完成过程，然后完成评价表 2 - 2 - 4。

表 2 - 2 - 4　评价表

班级			姓名		学号	
任务2.2　学习 Linux 操作系统的基本操作 (2)						
评价项目		满分	自我评价 （权重20%）	组员互相评价 （权重30%）	教师评价 （权重50%）	综合评价
专业能力 考核项目 （60%）	会使用两个重要 的热键	20				
	能操作 man 命令	20				
	会使用关机和 重启命令	20				
职业素养 考核项目 （40%）	团队合作	10				
	引导问题填写	10				
	资料查找	10				
	成果展示	10				
总分			教师意见 及签名			

知 识 链 接

知识点：info page

除了 man，Linux 操作系统里面又提供了一种在线求助的方法，那就是 info。

基本上，info 与 man 的用途差不多，都是用来查询命令的用法或者是文件的格式。但是与 man page 一下子输出一堆信息不同，info page 则是将文件数据拆成一个一个的段落，每个段落用自己的页面来撰写，并且在各个页面中还有类似网页的 "超链接" 来跳到各个不同的页面中，每个独立的页面称为一个节点（node）。所以，可以将 info page 想成是命令行模式的网页显示数据。

不过要查询的目标数据的说明文件必须以 info 的格式来写才能够使用 info 的特殊功能（如超链接）。而这个支持 info 命令的文件默认是放置在/usr/share/info/目录下。例如，man 命令的说明文件写成 info 格式，所以，使用 info man 可以得到图 2-2-1 所示的界面。

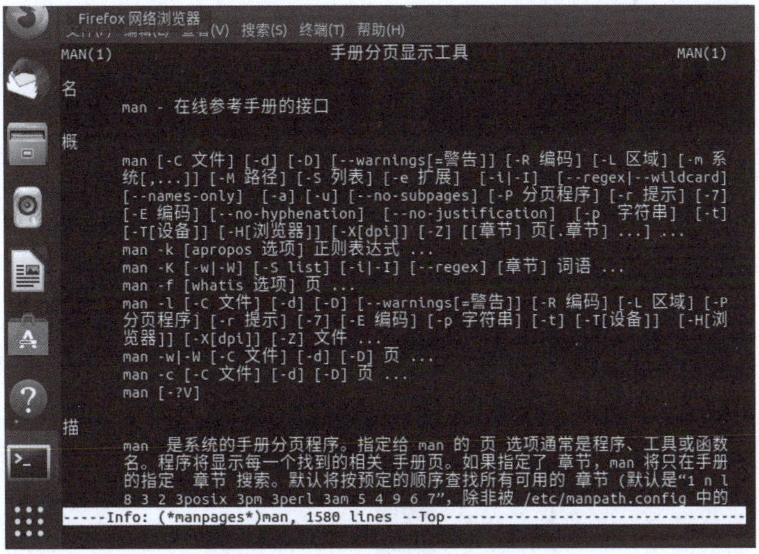

图 2-2-1　使用 info man 的界面

想知道更多 info 的用法，可以试试命令 man info。

任务 2.3　管理 Linux 操作系统的文件权限

任务描述

1. 教学情景描述：教师讲解用户、用户组和文件权限的概念；指导学生在计算机上操作命令。

2. 关键知识点：用户、用户组和文件权限的概念；man 命令；su 命令。

任务目标

知识目标：

1. 了解用户的概念；

2. 了解用户组的概念；

3. 了解文件权限的概念。

能力目标：

1. 会使用命令改变默认权限；
2. 会使用命令切换一般用户和系统管理员。

任务分析

阅读教材和搜索网站，并听教师讲解，然后完成下列任务：

1. 写出用户和用户组的区别；
2. 写出文件权限中 10 个字符的意义；
3. 用命令改变默认权限；
4. 用命令切换一般用户和系统管理员。

任务准备

学生任务分配表如表 2-3-1 所示。

表 2-3-1　学生任务分配表

班级		组号		指导老师	
组长		组长学号			
组员		姓名	学号	姓名	学号
任务分工					

引导问题 1：了解用户和用户组。

（1）用户是什么？

_____

_____

_____

（2）用户组是什么？

_____

_____

_____

 小提示

假设有一家人，家里只有三兄弟，分别是王大毛、王二毛与王三毛 3 个人，而这个家庭是登记在王大毛的名下的。所以"王大毛家有 3 个人，分别是王大毛、王二毛与王三毛"，而且这 3 个人都有自己的房间，并且共同拥有一个客厅。

用户（owner）和用户组（group）的概念

王家三人各自拥有自己的房间，王二毛虽然可以进入王三毛的房间，但是王二毛不能翻王三毛的抽屉，因为抽屉里面可能有王三毛自己私人的东西，如日记，这是"私人的空间"，所以当然不能让王二毛随便动了。

因为共同拥有客厅，所以王家三兄弟可以在客厅打开电视机、翻阅报纸、坐在沙发上面发呆等。反正只要是在客厅的东西，三兄弟都可以使用。"王大毛家"就是所谓的"用户组"，三兄弟分别为 3 个"用户"，而这 3 个用户是在同一个用户组里面的。3 个用户虽然在同一个用户组内，但是可以设置"权限"，好让某些用户个人的信息不被用户组的拥有者查询，以保留"私人的空间"。而设置用户组共享，则可让大家共同分享。

其他人（others）的概念

假设有个人叫张小猪，他是张小猪家的人，与王家没有关系。这个时候除非王家认识张小猪，然后开门让张小猪进入王家，否则张小猪永远没有办法进入王家，更不要说进到王三毛的房间了。不过，如果张小猪通过关系认识了王三毛，并且跟王三毛成为好朋友，那么张小猪就可以通过王三毛进入王家。那个张小猪就是所谓的"其他人"。

因此可以知道在 Linux 操作系统里面，任何一个文件都具有"owner、group 及 others" 3 种身份的个别权限。以王三毛的文件为例，"文件"的所有者为王三毛，他属于王大毛这个用户组，而张小猪相对于王三毛，则只是一个"其他人"而已。

一般用户（王大毛、王二毛与王三毛）和系统管理者（root）

这里有个特殊的人物要介绍，那就是系统管理者。与一般用户（王大毛、王二毛与王三毛）相比，系统管理者具有无限大的权限，可以到达任何想要去的地方，所以要小心使用该权限。

引导问题 2：了解文件权限。

（1）文件权限的作用是什么？

_____

_____

_____

_____

（2）文件权限有哪三种？

_____

_____

_____

_____

_____

小提示

Linux 文件权限的重要性

在 Linux 操作系统当中，与 Windows 操作系统不一样的是，每一个文件都多加了很多的属性，尤其是用户组的概念，这样做的主要目的是保护数据安全性。

系统保护的功能

举个简单的例子，在系统中，关于系统服务的文件通常只有 root 才能读写或者是执行，例如，/etc/shadow 这个文件，由于该文件记录了系统中所有账号的数据，因此是很重要的一个配置文件，不能让任何人读取（否则密码会被窃取），只有 root 才能够读取。所以该文件的权限就会成为 [- rw - - - - - - - -]（关于此格式，后面有详细的说明）。

未将权限设置妥当的危害

再举个例子，如果目录权限没有设置好，可能造成其他人都可以在系统上面操作。例如，本来只有 root 才能执行的开关机、ADSL 拨号、新增或删除用户等命令，若被改成任何人都可以执行，如果用户不小心重新启动、重新拨号，那么系统就会常常莫名其妙挂掉。而且万一用户密码被其他人获得，只要他登录系统就可以轻而易举执行一些 root 的工作。

因此在修改 Linux 文件与目录的属性之前，一定要先搞清楚，什么数据是可变的，什么是不可变的。

任务实施

1. 制订方案

工作方案如表 2 – 3 – 2 所示。

表 2 - 3 - 2　工作方案

步骤	工作内容	负责人
1		
2		
3		
4		
5		
6		
7		
8		

2. 列出仪表、工具、耗材和器材清单

器具清单如表 2 - 3 - 3 所示。

表 2 - 3 - 3　器具清单

序号	名称	型号与规格	单位	数量	备注

3. 进行决策

（1）各组派代表阐述方案。

（2）各组对其他组的设计方案提出自己不同的看法。

（3）教师结合大家完成的情况进行点评，选出最佳方案。

4. 工作实施

（1）写出用户和用户组的区别。

（2）进入主文件夹，输入命令：

```
mkdir test
```

输入命令：

```
ll
```

找到类似下面这一行的信息，然后阅读教材知识链接中的相关知识，之后解释下面每段字符的含义。

drwxr－xr－x 2 a123 a123 4096 6 月 26 19：39 test／

（3）改变文件夹的用户组。

输入命令：

```
su #或者输入 su -,su -root,su root,也可以变成 root 用户
```

按照提示输入密码后，变成 root 组，然后输入命令：

```
chgrp root test
```

输入命令：

```
ll
```

可以看到 test 文件夹（又称目录）的用户组变成了 root 组：

drwxr－xr－x 2 a123 root 4096 6 月 26 19:58 test／

输入命令：

```
exit
```

就会回到一般用户组，接着输入命令：

```
chgrp 账户名 test
```

发现可以改回原来的用户组，但是再输入命令：

```
chgrp root test
```

就会显示"正在更改'test'的所属组：不允许的操作"。这是因为一般用户的权限不

够，只能改成一般用户组，却不能改为 root 组。

这里要注意的是，一定要在 test 的上级目录里操作，否则会显示"无法访问'test'：没有那个文件或目录"。

（4）改变文件夹的所有者。

输入命令：

```
su
```

按照提示输入密码后，变成 root 用户，然后输入命令：

```
chown root test
```

输入命令：

```
ll
```

可以看到 test 文件夹（又称目录）的所有者变成了 root 用户：

```
drwxr-xr-x 2 root a123 4096 6 月 26 19:58 test/
```

输入命令：

```
exit
```

就会回到一般用户，接着输入命令：

```
chown 账户名 test
```

就会显示"正在更改'test'的所有者：不允许的操作"。这是因为一般用户的权限不够，要想把所有者改回去，只能在 root 身份下执行。

（5）改变权限。

进入 root 身份，然后接连输入命令：

```
chmod 644 test
ll
```

可以看到权限变了：

```
drw-r--r-- 2 root a123 4096 6 月 26 19:58 test/
```

回到一般用户身份，然后输入命令：

```
chmod 700 test
```

就会显示"更改'test'的权限：不允许的操作"。

由此可知，权限要在 root 身份下才能改变。

挑战一下：

尝试将上面的 test 文件夹改成：root 是所有者，账户名是用户组，文件权限是"所有者可读、不可写、可执行，用户组不可读、可写、不可执行，其他人可读、可写、不可执行"。

任务评价

各组派代表展示成果，介绍任务的完成过程，然后完成评价表 2 – 3 – 4。

表 2 – 3 – 4　评价表

班级			姓名		学号	
任务 2.3　管理 Linux 操作系统的文件权限						
评价项目		满分	自我评价（权重 20%）	组员互相评价（权重 30%）	教师评价（权重 50%）	综合评价
专业能力考核项目（60%）	了解用户、用户组和文件权限的概念	20				
	会使用命令改变默认权限	20				
	会使用命令切换一般用户和系统管理员	20				
职业素养考核项目（40%）	团队合作	10				
	引导问题填写	10				
	资料查找	10				
	成果展示	10				
总分			教师意见及签名			

知 识 链 接

知识点一：Linux 文件属性

从主文件夹输入命令：

```
ll
```

可以看到主文件夹中的各个文件的属性如图 2 – 3 – 1 所示。

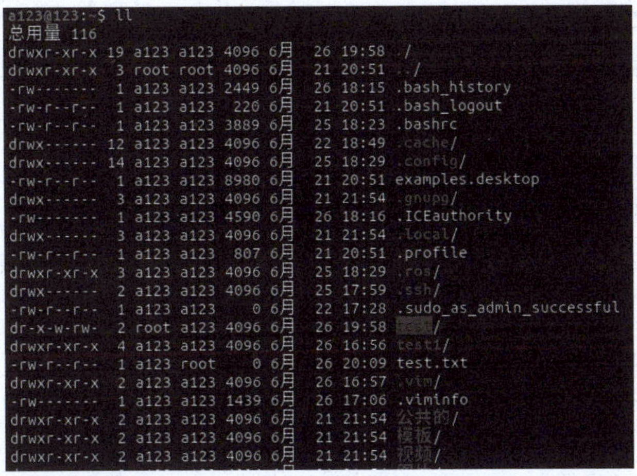

图 2 – 3 – 1　显示各文件的属性

其中，test 文件的属性为：

dr – x – w – rw – 2 root a123 4096 6 月 26 19:58 test/

第一列代表该文件的类型与权限，共有 10 个字符。

第一个字符代表这个文件是"目录、文件或链接文件等"。若是 [d] 则是目录，若是 [－] 则是文件，若是 [l] 则表示链接文件，若是 [b] 则表示设备文件里面的可供存储的接口设备，若是 [c] 则表示设备文件里面的串行端口设备，如键盘、鼠标（一次性读取设备）。

接下来的字符中，以 3 个为一组，且均为"rwx"这 3 个参数的组合。其中 r 代表可读（read），w 代表可写（write），x 代表可执行（execute）。需要注意的是，这 3 个权限的位置顺序不会改变，如果没有权限，就会出现减号 [－]。第一组为"文件所有者的权限"，r – x 表示该文件的所有者可读、可执行，但不可写。第二组为"同用户组的权限"，第三组为"其他非本用户组的权限"。

第二列表示有多少文件名链接到此节点（i – node）。

每个文件都会将它的权限与属性记录到文件系统的 i – node 中，不过使用的目录树是用文件名来记录，因此每个文件名就会链接到一个 i – node。这个属性记录的就是有多少不同的文件名链接到一个相同的 i – node。

第三列表示这个文件（或目录）的"所有者账号"。

第四列表示这个文件的所属用户组。

在 Linux 操作系统下，账号会附属于一个或多个用户组中。

第五列为这个文件的容量大小，默认单位为 B。

第六列～第八列"6 月 26 19：58"为这个文件的创建日期或者是最近的修改日期。这一列的内容分别为日期（月/日）及时间。如果这个文件被修改的时间距离现在太久了，那么时间部分会仅显示年份。

第九列"test/"为该文件的名称。

这个字段就是文件名了。比较特殊的是,如果文件名之前多一个".",则代表这个文件为隐藏文件。隐藏文件一般是不显示的。如果想要显示隐藏文件,可以通过查阅更详细的 ls 用法。

知识点二:改变 Linux 文件权限

文件权限的改变使用的是 chmod 命令,但是权限的设置方法有两种,分别可以使用数字或者是符号来进行权限的更改。这里只介绍数字类型的用法,如果想了解符号类型,请自行查阅相关资料。

可以使用数字来代表各个权限,各权限的数字对照如下:

```
r:4
w:2
x:1
```

每种身份(owner、group、others)各自的 3 个权限(r、w、x)的数字是需要累加的,例如,当权限为[-rwxrwx---]时,数字则是:

```
owner = rwx = 4 + 2 + 1 = 7
group = rwx = 4 + 2 + 1 = 7
others = --- = 0 + 0 + 0 = 0
```

所以当设置这样的权限时,该文件的权限数字就是 770,更改权限的 chmod 命令的格式如下(要在 root 身份下才能更改):

```
chmod [-R] xyz 文件或目录
```

xyz:数字类型的权限属性,为 rwx 属性数字的相加。

-R:进行递归(recursive)的持续更改,即连同子目录下的所有文件都会更改。

例如,要将 .bashrc 这个文件所有的权限都设置启用,那么就执行:

```
[root@www ~]# ls -al .bashrc
-rw-r--r-- 1 root root 395 Jul 4 11:45 .bashrc
[root@www ~]# chmod 777 .bashrc
[root@www ~]# ls -al .bashrc
-rwxrwxrwx 1 root root 395 Jul 4 11:45 .bashrc
```

如果将权限变成"-rwxr-xr",那么权限的数字就变成[4 + 2 + 1][4 + 0 + 1][4 + 0 + 0] = 754,所以需要执行"chmod 754 filename"。另外,在实际的系统运作中,常常会用 vim 编辑一个 shell 的文字批处理文件(如 test.sh),它的权限通常是"-rw-rw-r-",也就是 664,如果要将该文件变成可执行文件,并且不让其他人修改此文件,那么就需要"-rwxr-xr-x"这样的权限,此时需要执行"chmod 755 test.sh"。

如果有些文件不希望被其他人看到,应该将文件的权限设置为如"-rwxr-----",那就需要执行"chmod 740 filename"。

任务 2.4　管理 Linux 操作系统的目录

任务描述

1. 教学情景描述：教师讲解根目录和目录树的概念；教师讲解相对路径和绝对路径的区别；指导学生在计算机上操作命令。

2. 关键知识点：目录和目录树的概念；相对路径和绝对路径的区别；目录的切换、显示、新建和删除。

任务目标

知识目标：

1. 了解根目录和目录树的概念；

2. 了解相对路径和绝对路径的区别。

能力目标：

能够切换、显示、新建和删除目录。

任务分析

阅读教材和搜索网站，并听教师的讲解，然后完成下列任务：

1. 写出相对路径和绝对路径的区别；

2. 分别用相对路径命令和绝对路径命令切换目录；

3. 用命令显示目录；

4. 用命令新建目录；

5. 用命令删除目录。

任务准备

学生任务分配表如表 2 – 4 – 1 所示。

表 2 – 4 – 1　学生任务分配表

班级		组号		指导老师	
组长		组长学号			
组员		姓名	学号	姓名	学号

任务分工

引导问题1：了解根目录和目录树。

（1）根目录是什么？

_____

_____

_____

（2）在目录树中，home，root 和 sbin 文件夹的作用是什么？

_____

_____

_____

 小提示

根目录的意义与内容

/：根目录，是所有目录的起始点，所有文件和目录都在根目录下。

/bin：重要的二进制应用程序，如 ls，cp，mv 等。

/boot：启动配置文件，如内核、引导加载器等。

/dev：设备文件，如磁盘、键盘、鼠标等。

/etc：系统和服务的配置文件，如网络、用户、密码等。

/home：一般用户的主目录，每个用户都有自己的子目录，如/home/user1。

/lib：系统库文件，如 libc.so 等。

/media：可移动媒体设备的挂载点，如 U 盘、光驱等。

/mnt：一般用来作为挂载点使用。

/opt：可选的软件包安装目录，如第三方软件等。

/root：root 用户的主目录，与/home 不同。

/sbin：系统二进制应用程序，如 fdisk，ifconfig 等。

/tmp：临时文件目录，系统重启后会被清空。

/usr：用户软件资源目录，包含大量的应用程序和文件，如/usr/bin，/usr/lib 等。

/var：可变数据目录，包含日志、缓存、邮件等。

根目录是整个系统最重要的一个目录，因为不但所有的目录都是由根目录衍生出来的，同时根目录也与开机、还原、系统修复等操作有关。由于系统开机时需要特定的开机软件、内核文件、开机所需程序、函数库等文件数据，因此若系统出现错误，根目录也必须包含能够修复文件系统的程序才行。因为根目录如此重要，所以在文件系统层次化标准（Filesystem Hierarchy Standard，FHS）的要求方面，希望根目录不要放在非常大的分区内，因为越大的分区会放入越多的数据，这样根目录所在分区就可能会较多地发生错误。

FHS 标准建议：根目录所在分区应该越小越好，且应用程序所安装的软件最好不要与根目录放在同一个分区内，保持根目录越小越好。如此根目录所在的文件系统不但性能较好，也不容易发生问题。

在 Linux 操作系统中，所有的目录与文件都是由根目录开始的。根目录是所有目录与文件的源头，其他目录与文件再一个一个分支下来，呈树枝状。因此又称这种目录配置方式为目录树（directorytree）。

引导问题 2：了解相对路径和绝对路径。

（1）什么是相对路径？请写出一个例子。

_____

_____

_____

（2）什么是绝对路径？请写出一个例子。

_____

_____

_____

 小提示

在开始目录切换之前，需要先了解一下所谓的"路径"（path）。

绝对路径：路径的写法一定由根目录/写起，如/usr/share/doc 这个目录。

相对路径：路径的写法不是由根目录/写起，如由/usr/share/doc 到/usr/share/man 下面时，可以写成"cd../man"，这就是相对路径的写法。相对路径指相对于目前工作目录的路径。

相对路径的用途

那么相对路径与绝对路径都有什么用处呢？假设写了一个软件，这个软件共需要三个目录，分别是 etc、bin、man 这三个目录，然而由于不同的人喜欢安装的目录不同，假设甲安装的目录是/usr/local/packages/etc，/usr/local/packages/bin 及/usr/local/packages/man，但是乙却喜欢安装在/home/packages/etc，/home/packages/bin 及/home/packages/man 这三个目录中，如果使用绝对路径，那么每个目录下的东西就很难对应起来。这时相对路径的写法就显得特别重要了。

此外，如果喜欢将路径的名字写得很长，以便让自己知道每个目录的用途，如目录 cisterlraidloutputaiwan2006/smoke 和 lisreraladoutputawan2006/cctm，那么要从第一个目录到第二个目录，可以使用命令"cd../cctm"。

绝对路径的用途

对于文件名的正确性来说，绝对路径的正确度比较高。如果是通过程序来管理系统的条件下，必须使用绝对路径的写法。因为绝对路径的写法虽然比较麻烦，但是这个写法绝对不会有问题。如果在程序当中使用相对路径，则可能由于执行的工作环境不同，导致一些问题的发生。

任务实施

1. 制订方案

工作方案如表 2-4-2 所示。

表 2-4-2　工作方案

步骤	工作内容	负责人
1		
2		
3		
4		
5		
6		
7		
8		

2. 列出仪表、工具、耗材和器材清单

器具清单如表 2-4-3 所示。

表2-4-3 器具清单

序号	名称	型号与规格	单位	数量	备注

3. 进行决策

（1）各组派代表阐述方案。

（2）各组对其他组的设计方案提出自己不同的看法。

（3）教师结合大家完成的情况进行点评，选出最佳方案。

4. 工作实施

（1）写出相对路径和绝对路径的区别。

（2）用命令新建目录。

从用户主文件夹输入命令：

```
mkdir test1
```

这时会在主文件夹（又称主目录）里出现一个名为"test1"的子文件夹（又称子目录）。然后输入命令：

```
mkdir test1/test2/test3
```

报错：

"无法创建目录'test1/test2/test3'：没有那个文件或目录"。这是因为没有 test2 这个文件，所以无法在它里面创建 test3。

改为输入命令：

```
mkdir -p test1/test2/test3
```

这次创建成功了。参数 -p 指递归创建，更多 mkdir 的用法请参考知识链接中的相关内

容，或者使用 man mkdir 和 info mkdir 查看。

"递"是传递，"归"是回归，从传递开始回归到传递的开始，就是从一个地方出发，回到了出发的地方，就完成了一次循环，而不断重复这个循环，就是递归。

（3）用命令显示和切换目录。

输入命令：

```
pwd
```

显示结果如图 2-4-1 所示。

图 2-4-1　输入 pwd 后显示的结果

这里 home 文件下的 a123 表示主文件夹（每人的账户名不一样，主文件名会不一样）。"＄"前面出现"～"，表示位于主文件夹。"＄"则表示一般用户，如果进入 root 身份，就会变成#。然后输入命令：

```
cd ..
```

按 PgUp 键，然后按 Enter 键（按 PgUp 键可以调出前一次输入的命令，按 PgDn 键则调出后一次输入的命令，执行 cd .. 命令则回到上一级的目录）。

就会看到"～"变成了"/"，也就是来到了根目录，输入命令：

```
pwd
```

显示结果如图 2-4-2 所示。

图 2-4-2　输入 pwd 显示根目录

再次输入命令：

```
cd ..
```

会发现没有任何位置变化，因为根目录已经是最顶层的父目录，没有上一层了，所以不会改变位置。因为根目录下有个 home 文件，它下面才是 a123 这个用户主文件，所以要回到 a123，可以输入命令：

```
cd home/a123
```

也就回到了主目录（主文件夹）。到目前为止，用的都是相对路径，下面来用一下绝对路径。例如，要到目录/home/a123/test1/test2/test3，有两种输入方法。

绝对路径输入命令：

```
cd /home/a123/test1/test2/test3
```

相对路径输入命令：

```
cd test1 /test2 /test3
```

可以用两种方法都试一下，然后用 pwd 命令检查，会发现两种方法的结果是一样的。其间要回到主文件夹，可以输入 cd 命令，无论 shell 终端处于哪个位置，该命令都可以快速回到主文件夹。

（4）用命令删除目录。

接着输入命令：

```
rmdir test3
```

报错："删除'test3'失败：没有那个文件或目录"。因为当前的目录下没有 test3，而用的又是相对路径，系统找不到，所以无法删除。那么输入绝对路径试试：

```
rmdir /home/a123 /test1 /test2 /test3
```

会发现删除成功。

再输入命令：

```
rmdir –p /home/a123 /test1 /test2
```

报错："删除目录'/home/a123'失败：权限不够"。虽然报错，但是 test1 和 test2 被同时删除了，参数 –p 表示递归操作，会把上一级的空目录也删除掉。如果 test1 里面还有其他文件，就删除不了，可以建一个文件试试。

既然一般用户没有权限，那么 root 身份能否删除 a123 主文件呢?

答案是不要去尝试! 因为 Linux 操作系统中的某些文件是系统文件，万一被删除了，整个系统可能宕机!

任务评价

各组派代表展示成果，介绍任务的完成过程，然后完成评价表 2－4－4。

表 2－4－4　评价表

班级		姓名		学号	
任务 2.4　管理 Linux 操作系统的目录					
评价项目		满分	自我评价 （权重 20%）	组员互相评价 （权重 30%）	教师评价 （权重 50%）	综合评价
专业能力 考核项目 （60%）	了解根目录和 目录树的概念	20				

续表

评价项目		满分	自我评价 （权重20%）	组员互相评价 （权重30%）	教师评价 （权重50%）	综合评价
专业能力 考核项目 （60%）	了解相对路径和绝对路径的区别	20				
	能够切换、显示、新建和删除目录	20				
职业素养 考核项目 （40%）	团队合作	10				
	引导问题填写	10				
	资料查找	10				
	成果展示	10				
总分			教师意见 及签名			

知识链接

知识点：目录的相关操作

下面是比较特殊的目录操作命令。

.：代表此层目录。

..：代表上一层目录。

-：代表前一个工作目录。

~：代表"目前用户身份"所在的主文件夹。

~账户名：代表该账户的主文件夹。

下面是几个常见的处理目录的命令。

cd：切换目录。

pwd：显示当前目录。

mkdir：新建一个新的目录。

rmdir：删除一个空的目录（如果要删除一个非空目录，需要用 rm 命令，该命令会在后面介绍）。

1. cd（切换目录）

vbird 这个用户的主文件夹是 home/vbird/，而 root 主文件夹则是/root/。切换目录的格式为：

cd［相对路径或绝对路径］

最重要的就是目录的绝对路径与相对路径，还有一些特殊目录的符号。

假设以 root 身份在 Linux 操作系统中，下面简单举例说明这几个特殊的目录的意义。

```
[root@www ~]4 cd ~vbird
```

表示去到 vbird 用户的主文件夹，即/home/vbird。

```
[root@www vbird]# cd ~
```

表示回到自己的主文件夹，即/root 这个目录。

```
[root@www ~]# cd
```

没有加上任何路径，也是表示回到自己的主文件夹。

```
[root@www ~]# cd ..
```

表示到目前的上一层目录，即/root 的上一层目录。

```
[root@www ~]# cd -
```

表示回到上一次的目录，也就是/root。

```
[root@www ~]# cd /var/spool/mail
```

这是绝对路径的写法，直接指定要去的完整路径名称。

```
[root@www mail]# cd ../mqueue
```

这是相对路径的写法，表示由/var/spool/mail 到/vat/spool/mqueue。

cd（change directory）是用来切换工作目录的命令。注意，目录名称与 cd 命令之间存在一个空格。一旦登录 Linux 操作系统后，root 会在 root 的主文件夹中。回到上一层目录可以用"cd .."。利用相对路径的写法必须确认目前的路径，才能到正确的目录。例如，本例中最后一个命令，必须确认是在/var/spool/mail 当中，并且知道在/var/spool 当中有个 mqueue 的目录，才能使用 cd ../mqueue 到达正确的目录，否则需要直接输入 cd /var/spool/mqueue。

其实，提示符（即"[root@www mail] #"）就已经指出当前目录了，刚登录时会回到自己的主文件夹，而主文件夹还有一个代码，就是"~"符号。例如，通过本例可以发现，使用"cd ~"可以回到个人的主文件夹。另外，如果仅输入 cd 时，代表的就是"cd ~"的意思，即回到自己的主文件夹。而"cd -"比较难以理解，请自行多做几次练习，就会明白了。

2. pwd（显示目前所在的目录）

```
[root@www ~]# pwd [ -P ]
```

参数如下。

-P：显示出当前实际的工作目录，而非使用的链接（link）目录。

```
[root@www ~]# cd /var/mail #注意，/var/mail 是一个链接文件
[root@www mail]# pwd
/var/mail #列出目前的工作目录
[root@www mail]# pwd -P
/var/spool/mail #加 -P 后差别很大
```

因为/var/mail 是链接文件，链接到/var/spool/mail。所以，pwd 加上 -P 参数后，不会以链接文件的数据显示，而是显示正确的完整路径。

pwd(print working directory) 是显示目前所在目录的命令，例如，本例中最后的目录是/var/mail 这个目录，但是提示符仅显示 mail，如果想要知道目前所在的目录，可以输入 pwd。此外，由于很多的套件所使用的目录名称都相同，如/usr/local/etc，还有/etc，但是通常 Linux 操作系统仅列出最后面那一个目录，这时就可以使用 pwd 来获得所在目录，避免获取错误的目录。

3. mkdir（新建目录）

新建目录的格式为：

```
[root@www ~]# mkdir [-mp] 目录名称
```

参数如下。

-m：配置文件的权限可以直接设置，无须看默认权限（umask）。

-p：直接创建所需要的目录（包含上层目录）递归。

范例1：请在/tmp 下一层目录中尝试创建数个新目录。

```
[root@www ~]# cd /tmp
[root@www tmp]# mkdir test #创建一个名为 test 的新目录
[root@www tmp]# mkdir test1/test2/test3/test4
mkdir:cannot create directory test1/teat2/test3/test4
[root@www tmp]# mkdir -P test1/teat2/test3/test4
#加了这个 -P 的参数，可以自行创建多层目录。
```

范例2：新建权限为 rwx--x--x 的目录。

```
[root@www tmp]# mkdir -m 711 test2
[root@www tmp]#1s -1
drwxr-xr-x 3 root root 4096 Jul 18 12:50 test
drwxr-xr-x 3 root root 4096 Jul 18 12:53 test1
drwx--x--x 2 root root 4096 Jul 18 12:54 test2
```

如果没有加上 -m 来强制设置属性，系统会使用默认属性。默认属性需要通过 umask 才能了解。

如果想要创建新的目录，需要使用 mkdir。不过，默认情况下，所需要的目录需要一层

一层地创建。例如，假设要创建一个目录/home/bird/testing/test1，首先必须有 home，然后/home/bird、/home/bird/testing 都必须存在，才可以创建/home/bird/testing/test1 这个目录。假设没有/home/bird/testing，就没有办法创建 test1 目录。

不过，现在有个更简单有效的方法，那就是加上 -P 这个参数。可以直接执行 mkdir -P /home/bird/testing/test1，则系统会自动将"home""/home/bird""/home/bird/testing"依序创建起来，并且如果该目录本来就已经存在，系统也不会显示错误信息。

4. rmdir（删除空的目录）

```
[root@www ~]# rmdir [-P] 目录名称
```

参数如下。

-P：连同上层"空"的目录也一起删除。

范例：将 mkdir 范例中创建的目录（/tmp 下一层目录）删除。

```
[root@www tmp]# ls -1 #看看有多少目录存在
drwxr-xr-x 3 root root 4096 Jul 18 12:50 test
drwxr-xr-x 3 root root 4096 Jul 18 12:53 test1
drwx--x--x 2 root root 4096 Jul 18 12:54 test2
[root@www tmp]# rmdir test #可直接删除掉,没问题
[root@www tmp]# rmdir test1 #因为尚有内容,所以无法删除
rmdir:'test1': Directory not empty
[root@www tmp]# rmdir -P test1/test2/test3/test4
[root@www tmp]# ls -1#下面的输出中 test 与 test1 不见了
drwx--x--x 2 root root 4096 Jul 18 12:54 test2
```

利用 -P 这个参数，立刻就可以将 test1/test2/test3/test4 一次性删除。

不过要注意，rmdir 仅能删除空的目录。

如果想要删除旧有的目录时，使用 rmdir。例如，将刚才创建的 test 删掉，使用"rmdir test"即可。目录需要一层一层地删除才行，而且被删除的目录里面必定不能存在其他的目录或文件，这也是所谓的空目录（empty directory）的意思。如果要将所有目录下的东西都删掉呢？这时就必须使用"rm -r test"了。不过，还是使用 rmdir 比较安全。

任务 2.5　管理 Linux 操作系统的文件

任务描述

1. 教学情景描述：在教师的指导下，学生在计算机上查看、复制、新建、删除和移动文件。

2. 关键知识点：文件的查看、复制、删除和移动命令。

项目 2　Linux 操作系统的相关操作

任务目标

知识目标：

掌握文件的管理命令。

能力目标：

能够查看、复制、删除和移动文件。

任务分析

在教师的指导下，完成下列任务：

1. 用命令查看、复制文件；

2. 用命令删除文件；

3. 用命令移动文件。

任务准备

学生任务分配表如表 2 – 5 – 1 所示。

表 2 – 5 – 1　学生任务分配表

班级		组号		指导老师	
组长		组长学号			
组员		姓名	学号	姓名	学号
任务分工					

引导问题：了解查看、复制、新建、删除和移动命令。

（1）还记得查看文件的命令是哪个吗？如果要查看文件详细属性和隐藏文件呢？

_____

_____

_____

（2）复制和移动有什么区别？

_____

_____

_____

（3）新建目录的命令是什么？目录和文件有什么区别？

_____

_____

_____

任务实施

1. 制订方案

工作方案如表 2 - 5 - 2 所示。

表 2 - 5 - 2　工作方案

步骤	工作内容	负责人
1		
2		
3		
4		
5		
6		
7		
8		

2. 列出仪表、工具、耗材和器材清单

器具清单如表 2 - 5 - 3 所示。

表2－5－3　器具清单

序号	名称	型号与规格	单位	数量	备注

3. 进行决策

（1）各组派代表阐述方案。

（2）各组对其他组的设计方案提出自己不同的看法。

（3）教师结合大家完成的情况进行点评，选出最佳方案。

4. 工作实施

（1）进入根目录，然后查看所有文件的属性和权限（包括隐藏文件）。写出涉及的命令。

（2）用一般账号身份将主文件夹下的 . bashrc 复制到/tmp 下，并更名为 test1。写出涉及的命令。

（3）切换到目录/tmp，将/var/log/wtmp 复制到/tmp，然后查看文件的属性和权限（不包括隐藏文件）。写出涉及的命令。

（4）删除复制的 test1 和 wtmp。写出涉及的命令。

任务评价

各组派代表展示成果，介绍任务的完成过程，然后完成评价表2-5-4。

表2-5-4 评价表

班级		姓名		学号	
任务2.5 管理Linux操作系统的文件					
评价项目		满分	自我评价（权重20%）	组员互相评价（权重30%）	教师评价（权重50%）	综合评价
专业能力考核项目（60%）	能够查看、复制文件	20				
	能够删除文件	20				
	能够移动文件	20				
职业素养考核项目（40%）	团队合作	10				
	引导问题填写	10				
	资料查找	10				
	成果展示	10				
总分			教师意见及签名			

知识链接

知识点：文件和目录管理

文件与目录管理包含"显示属性""复制""删除文件"及"移动文件或目录"等操作，由于文件与目录管理在Linux操作系统当中很重要，尤其是管理主文件夹的数据，因此下面来谈一谈有关文件与目录的一些基础管理部分。

1. 查看文件与目录：ls

查看文件与目录的格式为：

```
[root@www ~]# ls [ -aAdfFhilnrRSt] 目录名称
[root@www ~]# ls [ --color={never,auto,always}] 目录名称
[root@www ~]# ls [ --full-time] 目录名称
```

参数如下。

-a：全部的文件，连同隐藏文件（开头为"."的文件）一起列出来（常用）。

-A：列出全部的文件（连同隐藏文件，但不包括"."与".."这两个目录）。

-d：仅列出目录本身，而不是列出目录内的文件数据（常用）。

-f：直接列出结果，而不进行排序（ls默认会以文件名排序）。

-F：根据文件、目录等信息给予附加数据结构，例如，"＊"代表可执行文件；"/"代表目录；"＝"代表socket文件；"｜"代表FIFO文件。

-h：将文件容量以较易读的方式（如GB，KB等）列出来。

-i：列出i-node号码。

-l：列出长数据串，包含文件的属性与权限等数据（常用）。

-n：列出UID与GID，而非用户与用户组的名称（UID与GID会在账号管理提到）。

-r：将排序结果反向输出，例如，原本文件名由小到大，反向则为由大到小。

-R：连同子目录内容一起列出来，即该目录下的所有文件都会显示出来。

-S：以文件容量大小排序，而不是以文件名排序。

-t：以时间排序，而不是以文件名排序。

--color=never：不要依据文件特性给予颜色显示。

--color=always：显示颜色。

--color=auto：让系统自行依据设置来判断是否给予颜色。

--full-time：以完整时间模式（包含年、月、日、时、分）输出。

--time={atime，ctime}：输出访问时间（access time）或改变权限属性时间（change time）而非内容更改时间（modification time）。

在Linux操作系统当中，ls命令可能是最常使用的。因为随时都要知道文件或目录的相关信息。不过，Linux文件所记录的信息太多了，ls没有必要全部都列出来。所以，当执行ls时，默认显示的只有非隐藏文件的文件名、以文件名进行排序及文件名代表的颜色显示。例如，执行"ls /etc"之后，只有经过排序的文件名以及蓝色显示目录和白色显示一般文件。

如果还想要显示其他的信息时，可以加入参数。例如，长串显示数据内容的-l参数，以及将隐藏文件也一起显示出来的-a参数等。下面是一些常用的范例，实际试做看看。

范例1：将主文件夹下的所有文件列出来（含属性与隐藏文件）。

```
[root@www ~]# ls -al ~
total 156
drwxr-x---   4 root root 4096 Sep 24 00:07 .
drwxr-xr-x  23 root root 4096 Sep 22 12:09 ..
-rw-------   1 root root 1474 Sep 4 18:27 anaconda-ks.cfg
-rw-------   1 root root  955 Sep 24 00:08 .bash_history
-rw-r--r--   1 root root   24 Jan 6 2007 .bash_logout
-rw-r--r--   1 root root  191 Jan 6 2007 .bash_profile
-rw-r--r--   1 root root  176 Jan 6 2007 .bashrc
drwx------   3 root root 4096 Sep 5 10:37 .gconf
```

```
-rw-r--r-- 1 root root     42304 Sep 4 18:26 install.log
-rw-r--r-- 1 root root5661   Sep418:25 install.log.syslog
```

这时会看到以"."开头的几个文件，以及目录"."".."".gconf"等。目录文件文件名都是以深蓝色显示，有点不容易看清楚。

范例2：不显示颜色，但在文件名末显示出该文件名代表的类型（type）。

```
[root@www ~]#ls -alF --color=never ~
total 156
drwxr-x---   4 root root 4096 Sep 24 00:07 ./
drwxr-xr-x  23 root root 4096 Sep 22 12:09 ../
-rw-------  1 root root  1474 Sep4 18:27 anaconda-ks.cfg
-rw-r--r--  1 root root    24 Jan  6 2007 .bash_logout
-rw-r--r--  1 root root   191 Jan  6 2007 .bash_profile
-rw-r--r--  1 root root   176 Jan  6 2007 .bashrc
drwx------   3 root root4096 Sep5 10:37 .gconf/
-rw-r--r--  1 root root  42304 Sep 4 18:26 install.log
-rw-r-r--   1 root root  5661  Sep 4 18:25 install.log.syslog
```

注意看显示结果的第一行，知道为何会执行类似"./command"之类的命令了吧？因为"./"代表的是"目前目录下"的意思。至于什么是FiFO/Socket，请参考本知识点中参数的介绍。另外，".bashrc"时间仅写2007，能否知道详细时间？

范例3：完整呈现文件的修改时间。

```
[root@www ~]#ls -al --full-time ~
total 156
drwxrx---    4 root root 4096 2008-09-24 00:07:00.000000 +0800 .
drwxr-xr-x  23 root root 4096 2008-09-22 12:09:32 .00000 +0800
-rw-r--r-- 1 root root 24 2007-01-06 17:05:04.00000 +0800 .bash_logout
-xww------  3 root root 4096 2008-09-05 10:37:49.00000 +0800 .gconf
-rw---r---  1 root root 5661 2008-09-04 18:25:55.00000 +0800 install.log.syslog
```

"时间"字段变成较为完整的格式。

一般情况下，ls-al仅列出目前短格式的时间，有时不会列出年份，通过--full-time可以查看到比较正确的完整时间格式。

其实ls的用法还有很多，包括查看文件所在i-node的ls-i参数，以及用来进行文件排序的-s参数，还有用来查看不同时间操作的--time=atime等参数（更多时间操作说明请参考本任务后面touch的说明）。而这些参数的存在都是因为Linux文件系统记录了很多有用的信息。那么Linux文件系统中，这些与权限、属性有关的数据放在哪里呢？放在i-node里面。

无论如何，ls最常被使用到的功能还是那个-l参数，为此，很多distribution在默认的情况中，已经将ll（L的小写）设置成为ls-l的意思了。其实，这个功能是bash的alias功能。也就是说，直接输入ll(L的小写）与输入ls-l是一样的。关于这部分，会在后续的

bash 中再次强调。

2. 复制、删除与移动：cp，rm，mv

要复制文件，请使用 cp(copy) 命令。cp 命令的用途很多，除了复制之外，还可以创建链接文件（就是快捷方式），对比两文件的新旧而予以更新，以及复制整个目录等功能。移动目录与文件，使用 mv(move) 命令，这个命令也可以直接用来作重命名（rename）的操作。删除文件，使用 rm(remove) 命令。

（1）cp（复制文件或目录）。

复制文件或目录的格式为：

```
cp [ -adfilprsu] 源文件(source)目标文件(destination)
cp [options] source1 source2 source3 ... directory
```

参数如下。

-a：相当于 -pdr，对于 -pdr 请参考后面的介绍（常用）。

-d：若源文件为链接文件的属性，则复制链接文件属性而非文件本身。

-f：强制（force）的意思，若目标文件已经存在且无法开启，则删除后再尝试一次。

-i：若目标文件已经存在，在覆盖时会先询问操作是否进行（常用）。

-l：进行硬链接（hard link）的链接文件创建，而非复制文件本身。

-p：连同文件的属性一起复制过去，而非使用默认属性（备份常用）。

-r：递归持续复制，用于目录的复制行为（常用）。

-s：复制成为符号链接文件（symbolic link file），即"快捷方式"文件。

-u：若目标文件比源文件旧，才更新目标文件。

最后需要注意，如果源文件有两个以上，则最后一个目标文件一定要是目录才行。

复制（cp）命令是非常重要的，不同身份执行这个命令会有不同的结果，尤其是 -a、-p 参数，对于不同身份来说，区别非常大。下面的范例中，有的身份为 root，有的身份为一般账号（这里用 vbird 这个账号），练习时请特别注意身份的区别。下面开始来做复制的练习与查看。

范例1：用 root 身份将主文件夹下的 .bashrc 复制到/tmp 下，并更名为 bashrc。

```
[root@www ~]# cp ~ /.bashrc /tmp/bashrc
[root@www ~]# cp -i ~ /.bashrc /tmp/bashrc
cp:overwrite '/tmp/bashrc'? n #n 为不覆盖,y 为覆盖
```

重复做两次操作，由于/tmp 下面已经存在 bashrc 了，加上 -i 参数后，则在覆盖前会询问用户是否确定，可以按 n 键或者 y 键（小写状态下）来二次确认。

范例2：切换到目录/tmp，并将/var/log/wtmp 复制到/tmp 且查看属性。

```
[root@www ~]#cd /tmp
[root@www tmp]# cp /var/log/wtmp . #想要复制到当前目录,不要忘最后的"."
```

```
[root@www tmp]#1s -1 /var/log/wtmp wtmp
-rw-rw-r-- 1 root utmp 96384 Sep 24 11:54 /var/log/wtmp
-rw-r--r-- 1 root root 96384 Sep 24 14:06 wtmp
```

注意上面的权限值，在不加任何参数的情况下，文件的某些属性/权限会改变，这是个很重要的特性，连文件建立的时间也不一样了。

如果想要将文件的所有特性都一起复制过来，可以加上 – a 参数，如下所示：

```
[rootwww tmp]# cp –a /var/log/wtmp wtmp 2
[root@www tmp]#1s -1 /var/log/wtmp wtmp_2
-rw-rw-r-- 1 root utmp 96384 Sep 24 11:54 /var/log/wtmp
-rw-rw-r-- 1 root utmp 96384 Sep 24 11:54 wtmp _2
```

整个数据特性完全一模一样，这就是 – a 的特性。

cp 命令的功能很多，由于经常会进行一些数据的复制，因此也会经常用到这个命令。一般来说，如果去复制别人的数据（当然，该文件必须有 read 的权限才行），总是希望复制到的数据最后是自己的，所以，在默认的条件中，cp 的源文件与目标文件的权限是不同的，目标文件的所有者通常会是命令操作者本身。例如，范例 2 中，由于是 root 的身份，因此复制过来的文件所有者与用户组就改变成为 root 所有了。

由于具有这个特性，因此当进行备份的时候，某些需要特别注意的特殊权限文件，如密码文件（/etc/shadow）及一些配置文件，就不能直接用 cp 来复制，而必须加上 – a 或者是 – p 等可以完整复制文件权限的参数才行。另外，如果想要复制文件给其他的用户，也必须注意到文件的权限（包含读、写、执行及文件所有者等），否则，其他人还是无法针对复制的文件进行修订操作。

范例 3：复制/etc/目录下的所有内容到/tmp 下面。

```
[root@www tmp]# cp /etc/ /tmp
cp: omitting directory/ete #如果是目录则不能直接复制,要加上 – r 的参数
[root@www tmp]# cp –r /etc/ /tmp
```

– r 是可以复制目录，但是文件与目录的权限可能会改变。所以，也可以利用"cp – a/etc/tmp"命令，尤其是在备份的情况下。

范例 4：将范例 1 复制的 bashrc 创建一个链接文件（link file）。

```
[root@www tmp]# ls -1 bashrc
-rw-r--r-- 1 root root 176 Sep 24 14:02 bashre #先查看一下文件情况
[root@www tmp]# cp – s bashre bashrc_slink
[root@www tmp]# cp –1 bashrc bashrc_hlink
[root@www tmp]#1s -1 bashrc *
-rw-r--r-- 2 root root 176 Sep 24 14:02 bashrc #与源文件不太一样
-rw-r--r-- 2 root root 176 Sep 24 14:02 bashrc_hlink
lrwxrwxrwx  1 root root 6 Sep 24 14:20 bashrc_slink -> bashrc
```

范例4中，使用 -l 及 -s 都会创建所谓的链接文件，但是这两种链接文件却有不一样的情况。这是怎么回事呢？-l 就是所谓的硬链接，-s 则是软链接，简单来说，bashrc_slink 是一个"快捷方式"，这个快捷方式会链接到 bashrc，所以会看到文件名右侧会有个指向（->）的符号。

bashrc_hlink 文件与 bashrc 的属性与权限完全一模一样，与未进行链接前的差异是第2列的 link 数由1变成2了。

范例5：若 ~/.bashrc 比/tmp/bashrc 新，才复制过来。

```
[root@www tmp]# cp -u ~/.bashrc /tmp/bashrc
```

-u 的特性是当目标文件与源文件有差异时才会复制，所以，常用于"备份"工作当中。

范例6：将范例4生成的 bashre_slink 复制成为 bashrc_slink1 与 bashrc_slink2。

```
[root@www tmp]# cp bashrc_slink bashrc_slink1
[root@www tmp]# cp -d bashrc_slink bashrc_slink_2
[root@www tmp]# ls -l bashrc bashrc_slink*
-rw-r--r-- 2 root root 176 Sep 24  14:02 bashrc
1rwxrwxrwx    1 root root6 Sep 24 14:20  bashrc_slink -> bashrc
-rw-r--r-- 1 root root 176 Sep 24  14:32 bashrc_slink_1#与源文件相同
1rwxrwxrwx    1 root root 6 Sep 24  14:33 bashrc_slink_2 -> bashre#是链接文件
```

范例6中，原本复制的是链接文件，但是却将链接文件的实际文件复制过来了，也就是说，如果没有加上任何参数时，cp 复制的是源文件，而非链接文件的属性。若要复制链接文件的属性，则使用 -d 参数，如 bashrc_slink_2。

范例7：将主文件夹的 .bashrc 及 .bash_history 复制到/tmp下面。

```
[root@www tmp]# cp ~/.bashrc ~/.bash_history /tmp
```

可以将多个数据一次复制到同一个目录去，最后面一定是目录。

（2）rm（删除文件或目录）。

删除文件或目录的格式为：

```
rm [-fir] 文件或目录
```

参数如下。

-f：就是 force 的意思，忽略不存在的文件，不会出现警告信息。

-i：互动模式，在删除前会询问用户是否操作。

-r：递归删除。最常用在目录的删除。这是非常有风险的参数。

范例1：将在 cp 范例中创建的 bashrc 删除。

```
[root@www ~]# cd /tmp
[root@www tmp]# rm -i bashrc
rm: remove regular file'bashrc'? y
```

如果加上 –i 参数就会主动询问是否操作，避免删除错误的文件名。

范例 2：通过通配符 ＊，将/tmp 下面开头为 bashrc 的文件名全部删除。

```
[root@www tmp]# rm –i bashrc ＊
```

注意通配符 ＊，代表 0 到无穷多个任意字符。

范例 3：将 cp 范例中创建的/tmp/etc/目录删除。

```
[root@www tmp]#  rmdir  /tmp/etc
rmdir:etc: Directory not empty  # 删不掉,因为这不是空的目录
[root@www tmp]# rm   –r /tmp/etc
rm: descend into directorv  /tmp/etc'? y
...
```

因为身份是 root，默认已经加入了 –i 参数，所以要一直按 y 键（小写状态下）才会删除。如果不想要继续按 y 键，可以按下 ctrl + C 来结束 rm 的工作。这是一种保护的操作，如果确定要删除此目录而不要询问，可以输入命令：

```
[root@www tmp]# \rm –r/tmp/etc
```

在命令前加上“ \ ”，可以忽略 alias 的指定参数。

范例 4：删除一个带有“ – ”开头的文件。

```
[root@www  tmp]#  touch ./-aaa – #touch 命令可以创建空文件
[root@www  tmp]#  ls –1
–rw–r––r–– 1 root root 0 Sep 24 15:03 –aaa – # 因为文件大小为 0,所以是空文件
[root@www  tmp]#  rm –aaa –
Try  'rm ––help' for more information. # 因为 " – " 是参数,所以系统误判了
[root@www  tmp]#  rm ./-aaa –
```

通常在 Linux 操作系统下，为了防止文件误删，很多 distributions 都已经默认加入 –i 这个参数。如果要连目录下的东西都一起删除，例如，子目录里面还有子目录时，就要使用 –r 这个参数。不过，使用“rm –r”命令之前，请一定注意，该目录或文件“肯定”会被 root 删掉，因为系统不会再次询问是否要删除，所以这是个超级危险的执行命令，需要特别注意。不过，如果确定该目录不要了，那么使用 rm –r 命令来循环删除该目录是不错的方式。

另外，范例 4 中，文件名最好不要使用“ – ”开头，因为“ – ”后面接的是参数，所以单纯使用“rm –aaa –”命令就会被误判。如果使用后面会谈到的正则表达式时，还是会出问题的。因此，只能用避过首位字符是“ – ”的方法，就是加上本目录“./”即可。如果使用 man rm，还有一种方法，使用“rm ––– –aaa –”也可以。

（3）mv（移动文件或目录、重命名文件名）。

移动文件或目录、重命名文件名的格式为：

```
mv [-fiu] source destination
mv [-fiu] source destination
mv [options] source1 source2 source3 ... directory
```

参数如下。

-f：force 的意思，如果目标文件已经存在，不会询问而直接覆盖。

-i：若目标文件已经存在时，就会询问是否覆盖。

-u：若目标文件已经存在，且源文件比较新，才会更新（update）。

范例1：复制一个文件，创建一个目录，将文件移动到目录中。

```
[root@www ~]# cd /tmp
[root@www tmp]# cp ~/.bashrc bashrc
[root@www tmp]# mkdir mvtest
[root@www tmp]# mv bashrc mvtest
```

将某个文件移动到某个目录去，按照此方法操作。

范例2：将范例1的目录名称重命名为 mvtest2。

```
[root@www tmp]# mv mvtest mvtest2
```

在 Linux 操作系统中还有个重命名命令，名称为 rename，该命令专门进行多个文件名的同时重命名，并非针对单一文件名的更改，与 mv 不同。请使用 man rename 命令查看具体命令帮助信息。

范例3：再创建 2 个文件，再全部移动到/tmp/mvtest2 当中。

```
[root@www  tmp]# cp  ~/.bashrc  bashrc1
[root@www  tmp]# cp  ~/.bashrc  bashrc2
[root@www  tmp]# mv bashrc1 bashrc2 mvtest2
```

注意：如果有多个源文件或目录，则最后一个目标文件一定是目录，也就是说，将所有的数据移动到该目录。

当要移动文件或目录时，mv 命令就很重要。同样，也可使用 -u 来测试新旧文件，看看是否需要移动。另外一个用途就是更改文件名，可以使用 mv 很轻易地更改一个文件的文件名。

任务 2.6 操作 vim 程序编辑器

任务描述

1. 教学情景描述：教师讲解 vim 的作用；教师指导学生在计算机上操作 vim。

2. 关键知识点：vim 的概念；vim 的操作方法。

任务目标

知识目标：

了解 vim 的作用。

能力目标：

会操作 vim。

任务分析

在教师的指导下，完成下列任务：

1. 描述 vim 的作用；

2. 能够熟练切换 vim 的 3 种模式；

3. 能够按要求编辑一个文档。

任务准备

学生任务分配表如表 2 - 6 - 1 所示。

表 2 - 6 - 1 学生任务分配表

班级		组号		指导老师	
组长		组长学号			
组员		姓名	学号	姓名	学号
任务分工					

引导问题：了解 vim 程序编辑器。

（1）vi 和 vim 的区别是什么？

（2）为什么要学习 vim？

（3）除了 vim，还有哪些文档编辑器？

（4）vim 中，如何实现 3 种模式的切换？

 小提示

为什么要学习 vim

因为所有的 UNIX Like 系统都会内置 vi 文本编辑器，其他的文本编辑器则不一定会存在；很多软件的编辑接口都会主动调用 vi（如后面会谈到的 crontab，visudo，edquota 等命令）；所以必须要学习 vi，否则很多命令根本无法操作。

那么什么是 vim 呢？其实可以将 vim 看作 vi 的高级版本，vim 可以用颜色或底线等方式来显示一些特殊的信息。例如，当使用 vim 去编辑一个 C 程序语言的文件，或者是后续会谈到的 shell script 程序时，vim 会依据文件的扩展名或者是文件内的开头信息判断该文件的内容而自动调用该程序的语法判断式，再以颜色来显示程序代码与一般信息。也就是说，vim 是个"程序编辑器"。

简单来说，vi 是老式的文字处理器，不过功能已经很齐全了，但还是有可以进步的地方。vim 则可以说是程序开发者的一项很好用的工具，就连 vim 的官方网站也说 vim 是一个"程序开发工具"而不是文字处理软件。因为 vim 里面加入了很多额外的功能，如支持正则表达式的查找架构、多文件编辑、块复制等。这对于在 Linux 操作系统中进行一些配置文件的修订工作是很棒的一项功能。

vi 的使用（vim 是一样的）

vi 基本上共分为 3 种模式，分别是一般模式、编辑模式与命令行模式。这 3 种模式的作用分别如下。

一般模式：以 vi 打开一个文件就直接进入一般模式了（这是默认的模式）。在这个模式中，可以使用↑、↓、←、→键来移动光标，可以删除字符或删除整行，也可以复制、粘贴文件数据。

编辑模式：在一般模式中可以进行删除、复制、粘贴等的操作，但是却无法编辑文件内容的，要等到按"i，I，o，O，a，A，r，R"等任何一个字母键之后才会进入编辑模式。通常在 Linux 操作系统中，按这些键时，在界面的左下方会出现 −− INSERT −− 或 −−REPLACE −− 字样，此时才可以进行编辑。如果要回到一般模式，则按 Esc 键即可退出编辑模式。

命令行模式：在一般模式当中，输入"：""/""?" 3 个中的任何一个字符，就可以将光标移动到最下面那一行。在这个模式当中，可以提供查找数据的操作，读取、保存、大量替换字符、离开 vi、显示行号等操作则是在此模式中完成的。

任务实施

1. 制订方案

工作方案如表 2−6−2 所示。

表 2−6−2　工作方案

步骤	工作内容	负责人
1		
2		
3		
4		
5		
6		
7		
8		

2. 列出仪表、工具、耗材和器材清单

器具清单如表 2−6−3 所示。

表 2−6−3　器具清单

序号	名称	型号与规格	单位	数量	备注

续表

序号	名称	型号与规格	单位	数量	备注

3. 进行决策

（1）各组派代表阐述方案。

（2）各组对其他组的设计方案提出自己不同的看法。

（3）教师结合大家完成的情况进行点评，选出最佳方案。

4. 工作实施

（1）描述 vim 的作用。

（2）在 shell 中打开 vim，新建 text. txt 文件，在一般模式、编辑模式和命令行模式间切换，然后输入"this is text file."，之后保存退出。请写出涉及的命令和操作过程（如果无法保存，就使用 root 身份，或者改一下文件的权限）。

（3）请依照下面的需求进行命令操作，并在每一步的下面写出命令和操作方法，也就是写出详细的操作过程（这里使用 vi 或 vim 都可以）。

①先将 ROS 安装包中的 man. config 复制到主文件夹，然后打开 shell 终端。

以下为 man. config 的具体内容：

```
#
# Generated automatically from man.conf.in by the
# configure script.
#
# man.conf from man-1.6d
#
# For more information about this file, see the man pages man(1)
# and man.conf(5).
#
# This file is read by man to configure the default manpath (also used
# when MANPATH contains an empty substring), to find out where the cat
# pages corresponding to given man pages should be stored,
# and to map each PATH element to a manpath element.
# It may also record the pathname of the man binary. [This is unused.]
# The format is:
#
# MANBIN          pathname
# MANPATH         manpath_element[corresponding_catdir]
# MANPATH_MAP     path_element    manpath_element
#
# If no catdir is given, it is assumed to be equal to the mandir
# (so that this dir has both man1 etc. and cat1 etc. subdirs).
# This is the traditional Unix setup.
# Certain versions of the FSSTND recommend putting formatted versions
# of /usr/.../man/manx/page.x into /var/catman/.../catx/page.x.
# The keyword FSSTND will cause this behaviour.
# Certain versions of the FHS recommend putting formatted versions of
# /usr/.../share/man/[locale/]manx/page.x into
# /var/cache/man/.../[locale/]catx/page.x.
# The keyword FHS will cause this behaviour (and overrides FSSTND).
# Explicitly given catdirs override.
#
# FSSTND
FHS
#
# This file is also read by man in order to find how to call nroff, less, etc.,
# and to determine the correspondence between extensions and decompressors.
#
# MANBIN          /usr/local/bin/man
#
# Every automatically generated MANPATH includes these fields
#
MANPATH  /usr/man
MANPATH  /usr/share/man
MANPATH  /usr/local/man
MANPATH  /usr/local/share/man
MANPATH  /usr/X11R6/man
#
# Uncomment if you want to include one of these by default
```

```
#
# MANPATH    /opt / * /man
# MANPATH    /usr /lib / * /man
# MANPATH    /usr /share / * /man
# MANPATH    /usr /kerberos /man
#
# Set up PATH to MANPATH mapping
#
# If people ask for "man foo" and have "/dir/bin/foo" in their PATH
# and the docs are found in "/dir/man", then no mapping is required.
#
# The below mappings are superfluous when the right hand side is
# in the mandatory manpath already, but will keep man from statting
# lots of other nearby files and directories.
#
MANPATH_MAP  /bin                /usr /share /man
MANPATH_MAP  /sbin               /usr /share /man
MANPATH_MAP  /usr /bin           /usr /share /man
MANPATH_MAP  /usr /sbin           /usr /share /man
MANPATH_MAP  /usr /local /bin      /usr /local /share /man
MANPATH_MAP  /usr /local /sbin     /usr /local /share /man
MANPATH_MAP  /usr /X11R6 /bin      /usr /X11R6 /man
MANPATH_MAP  /usr /bin /X11       /usr /X11R6 /man
MANPATH_MAP  /usr /bin /mh     /usr /share /man
#
# NOAUTOPATH keeps man from automatically adding directories that look like
# manual page directories to the path.
#
#NOAUTOPATH
#
# NOCACHE keeps man from creating cache pages ("cat pages")
# (generally one enables /disable cat page creation by creating /deleting
# the directory they would live in - man never does mkdir)
#
#NOCACHE
#
# Useful paths - note that COL should not be defined when
# NROFF is defined as "groff -Tascii" or "groff -Tlatin1";
# not only is it superfluous, but it actually damages the output.
# For use with utf -8, NROFF should be "nroff -mandoc" without -T option.
# (Maybe - but today I need -Tlatin1 to prevent double conversion to utf8.)
#
# If you have a new troff (version 1.18.1?) and its colored output
# causes problems, add the -c option to TROFF, NROFF.
#
TROFF      /usr /bin /groff -Tps -mandoc
NROFF      /usr /bin /nroff -c - -legacy NROFF_OLD_CHARSET -mandoc 2 > /dev /null
EQN    /usr /bin /geqn -Tps
NEQN       /usr /bin /geqn -Tutf8
TBL    /usr /bin /gtbl
```

```
# COL       /usr/bin/col
REFER       /usr/bin/grefer
PIC     /usr/bin/gpic
VGRIND
GRAP
PAGER       /usr/bin/less -is
BROWSER     /usr/bin/less -is
HTMLPAGER   /bin/cat
CAT       /bin/cat
#
# The command "man -a xyzzy" will show all man pages for xyzzy.
# When CMP is defined man will try to avoid showing the same
# text twice. (But compressed pages compare unequal.)
#
CMP     /usr/bin/cmp -s
#
# Compress cat pages
#
COMPRESS     /usr/bin/bzip2
COMPRESS_EXT    .bz2
#
# Default manual sections (and order) to search if -S is not specified
# and the MANSECT environment variable is not set (1x-8x sections are used by
# xorg packages).
#
MANSECT     1:1p:8:2:3:3p:4:5:6:7:9:0p:n:l:p:o:1x:2x:3x:4x:5x:6x:7x:8x
#
# Default options to use when man is invoked without options
# This is mainly for the benefit of those that think -a should be the default
# Note that some systems have /usr/man/allman, causing pages to be shown twice.
#
#MANDEFOPTIONS -a
#
# Decompress with given decompressor when input file has given extension
# The command given must act as a filter.
#
.gz     /usr/bin/gunzip -c
.bz2        /usr/bin/bzip2 -c -d
.z
.Z      /bin/zcat
.F
.Y
```

②在/tmp 这个目录下新建一个名为 vitest 的目录。

③进入 vitest 这个目录中，将/man. config 复制到本目录下面。

④使用 vi 打开本目录下的 man. config 文件。

⑤在 vi 中设置行号。

⑥移动到第 58 行，向右移动 40 个字符，请问看到的双引号内是什么目录？

⑦移动到第 1 行，并且向下查找一下"bzip2"这个字符串，请问它在第几行？

⑧接下来，要将第 50 行到第 100 行之间的"man"改为"MAN"，并且一个一个挑选是否需要修改，如何执行命令？如果在挑选过程中一直按 y 键，结果会在最后一行出现，修改了几个"man"呢？

⑨修改完之后，要想全部复原，有哪些方法？

⑩复制第 65 行到第 73 行的内容（含有 MANPATH MAP），并且粘贴到最后一行之后。如何删除第 21 行到第 42 行之间的以"#"开头的批注数据？

⑪将这个文件另存为一个 man. test. config 的文件名。

⑫移动到第 27 行，并且删除 15 个字符，删除后出现的第一个字符是什么？

⑬在第 1 行新增一行，该行内容输入"I am a student. . ."。

⑭保存后离开。

任务评价

各组派代表展示成果，介绍任务的完成过程，然后完成评价表 2-6-4。

表 2-6-4 评价表

班级		姓名		学号	
任务 2.6 操作 vim 程序编辑器					
评价项目		满分	自我评价（权重 20%）	组员互相评价（权重 30%）	教师评价（权重 50%）	综合评价
专业能力考核项目（60%）	了解 vim 的作用	30				
	会操作 vim	30				

评价项目		满分	自我评价 （权重20%）	组员互相评价 （权重30%）	教师评价 （权重50%）	综合评价
职业素养 考核项目 （40%）	团队合作	10				
	引导问题填写	10				
	资料查找	10				
	成果展示	10				
总分			教师意见 及签名			

知识链接

知识点一：简单的执行范例

使用 vim 新建一个名为 test 的文件的步骤如下。

1. 使用 vim 进入一般模式

```
[root@www ~]# vim  test.txt
```

直接输入"vim 文件名"就能够进入 vim 的一般模式了。请注意，vim 后面一定要加文件名，不管该文件名存在与否。整个界面的上面与最下面一行可以视为独立的两部分。如图 2 - 6 - 1 所示，上面显示的是文件的实际内容，最下面一行则是状态显示行（如［新文件］信息），或者是命令执行行。

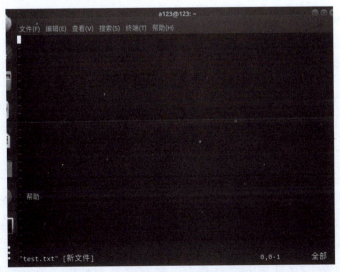

图 2 - 6 - 1　用 vim 打开一个新文件

项目 2　Linux 操作系统的相关操作

如果打开的文件是旧文件（已经存在的文件），则可能会出现图 2-6-2 所示的信息。

图 2-6-2　用 vim 打开一个旧文件

如图 2-6-2 所示，最下面一行"'man. test, config'［dos］128L，4148C"代表的是文件名为 man. test，config，文件内有 128 行以及具有 4148 个字符。这一行的内容并不是在文件内，而是 vim 显示一些信息的地方。此时是在一般模式的环境下，接下来开始输入。

2. 进入编辑模式，开始编辑文字

在一般模式中，只要按 i/o/a 等键就可以进入编辑模式了。在编辑模式当中，可以发现在左下角状态栏中会出现 --INSERT-- 的字样，那就是可以输入任意字符的提示。这时，键盘上除了 Esc 键之外，按其他键都可以视作一般的输入，所以可以进行任何的编辑。

3. 按 Esc 键回到一般模式

假设已经按照步骤 2 编辑完毕了，退出按 Esc 键即可，就会发现界面左下角的 --INSERT-- 字样不见了。

4. 在一般模式中输入"：wq"，保存后离开 vim

保存并离开的命令很简单，输入"：wq"即可保存离开（注意，输入：后，该光标就会移动到最下面一行去）。这时在提示符后面输入"ls - l"，即可看到刚才新建的 test. txt 文件。

需要注意的是，如果文件权限不对，例如，为 -r--r--r-- 时，可能会无法输入，此时可以使用"强制写入"的方式，使用"：wq!"即可，多加了一个感叹号。不过，需要特别注意，是在权限可以改变的情况下才可以。关于权限的概念，请自行复习。

知识点二：vi/vim 按键说明

第一部分：一般模式可用的光标移动、删除及复制粘贴、搜索替换等的按键说明如表 2-6-5 所示。

表 2 - 6 - 5　一般模式下的按键说明

光标移动的方法	
H 或←键	光标向左移动一个字符
J 或↓键	光标向下移动一个字符
K 或↑键	光标向上移动一个字符
L 或→键	光标向右移动一个字符

　　如果将右手放在键盘上，会发现 H，J，K，L 键是排列在一起的，因此可以使用这 4 个键来移动光标。如果想要进行多次移动，如向下移动 30 行，可以分别按 3，0，j 键或分别按 3，0，↓键，即先按想要进行的次数对应的数字键，再按 J/↓键即可

Ctrl + F	屏幕向下移动一页，相当于 PgDn 键（常用）
Ctrl + B	屏幕向上移动一页，相当于 PgUp 键（常用）
Ctrl + D	屏幕向下移动半页
Ctrl + U	屏幕向上移动半页
+	光标移动到非空格符的下一行
−	光标移动到非空格符的上一行
n < space >	n 表示数字，如 20。按数字键后再按空格键，光标会向右移动这一行的 n 个字符。如 20 < space >，则光标会向右移动 20 个字符距离
0 或 Home 键	这是数字 0：移动到这一行的最前面字符处（常用）
$ 或 End 键	移动到这一行的最后面字符处（常用）
H	光标移动到这个屏幕的最上方那一行的第一个字符
M	光标移动到这个屏幕的中央那一行的第一个字符
L	光标移动到这个屏幕的最下方那一行的第一个字符
G	移动到这个文件的最后一行（常用）
nG	n 为数字。移动到这个文件的第 n 行。如 20 G，则会移动到这个文件的第 20 行（可配合 set nu）
gg	移动到这个文件的第一行，相当于 1G！（常用）
n < Enter >	n 为数字。光标向下移动 n 行（常用）
搜索替换	
/word	向光标之下寻找一个名称为 word 的字符串。例如，要在文件内寻找 vbird 这个字符串，就输入/vbird 即可（常用）
? word	向光标之上寻找一个字符串名称为 word 的字符串

续表

搜索替换	
n	n 是英文键，代表重复前一个寻找的动作。例如，如果刚刚执行/vbird 去向下寻找 vbird 这个字符串，则按 n 键后，会向下继续寻找下一个名称 为 vbird 的字符串。如果是执行?vbird，按 n 键则会向上继续寻找名称为 vbird 的字符串
N	N 是英文键，与 n 刚好相反，为反向进行前一个寻找动作。例如，执 行/vbird 后，按 N 键则表示向上寻找 vbird
使用/word 配合 n/N 键是非常有帮助的，可以重复地找到一些寻找的关键词	
:n1,n2s/word1/word2/g	n1 与 n2 为数字。在第 n1 行与第 n2 行之间寻找 word1 这个字符串，并 将该字符串取代为 word2。例如，在第 100 行到第 200 行之间寻找 vbird 并取代为 VBIRD 则输入"：100，200s/vbird/VBIRD/g"（常用）
:1，$s/word1/word2/g	在文件内寻找 word1 字符串，并将该字符串取代为 word2（常用）
:1，$s/word1/word2/gc	在文件内寻找 word1 字符串，并将该字符串取代为 word2，并且在取代 前显示提示字符，让用户确认（confirm）是否需要取代（常用）
删除、复制与粘贴	
x，X	在一行字当中，x 为向后删除一个字符（相当于 Del 键），X 为向前删 除一个字符（相当于 BackSpace 键即退格键）（常用）
nx	n 为数字，连续向后删除 n 个字符。例如，要连续删除 10 个字符，则 输入"10x"
dd	删除游标所在的那一整行（常用）
ndd	n 为数字。删除光标所在处的向下 n 行，例如，20dd 是删除 20 行 （常用）
d1G	删除光标所在处到第 1 行的所有数据
dG	删除光标所在处到最后一行的所有数据
d$	删除光标所在处到该行的最后一个字符
d0	0 为数字，删除光标所在处到该行的最前面一个字符
yy	复制光标所在行（常用）
nyy	n 为数字。复制光标所在位置的向下 n 行，如 20yy，则是复制 20 行 （常用）
y1G	复制光标所在行到第 1 行的所有数据
yG	复制光标所在行到最后一行的所有数据
y0	复制光标所在的那个字符到该行行首的所有数据

删除、复制与粘贴	
y$	复制光标所在的那个字符到该行行尾的所有数据
p，P	p 为将已复制的数据粘贴在光标下一行，P 则为粘贴在光标上一行。例如，目前光标在第 20 行，且已经复制了 10 行数据。则按 p 键后，复制的 10 行数据会粘贴在原本的第 20 行之后，即由第 21 行开始粘贴。如果是按 P 键呢？那么原本的第 20 行会下移变成第 30 行（常用）
J	将光标所在行与下一行的数据结合成同一行
c	重复删除多个数据，例如，向下删除 10 行，输入 "10cj"
u	复原上一个动作（常用）
Ctrl + r	重做上一个动作（常用）
u 与 Ctrl + r 是很常用的命令，一个是复原，另一个则是重做一次	
.	这是小数点。重复上一个动作，如重复删除、重复粘贴（常用）

第二部分：一般模式切换到编辑模式的可用的按键说明，如表 2 - 6 - 6 所示。

表 2 - 6 - 6　编辑模式下的按键说明

进入插入或取代模式	
i，I	进入插入模式（insert mode）： i 为从目前光标所在处插入；I 为在目前所在行的第一个非空格符处开始插入（常用）
a，A	进入插入模式（insert mode）： a 为从目前光标所在处的下一个字符处开始插入；A 为从光标所在行的最后一个字符处开始插入（常用）
o，O	进入插入模式（insert mode）： o 为在目前光标所在处的下一行插入新的一行；O 为在目前光标所在处的上一行插入新的一行（常用）
r，R	进入取代模式（replace mode）： r 为取代光标所在处的那一个字符一次；R 为一直取代光标所在处的文字，直到按 Esc 键为止（常用）
以上键中，在 vi/vim 界面的左下角处会出现 – – INSERT – – 或 – – REPLACE – – 字样，由名称就知道该动作是什么。特别注意，想要在文件里面输入字符时，一定要在左下角看到 – – INSERT – – 或 – – RE-PLACE – – 字样才能输入	
Esc	退出编辑模式，回到一般模式中（常用）

第三部分：一般模式切换到命令行模式的可用的命令说明，如表2-6-7所示。

表2-6-7　命令模式下的命令说明

存储、离开等命令	
:w	将编辑的数据写入硬盘文件中（常用）
:w!	若文件属性为只读时，强制写入该文件。不过，结果能不能写入，与文件权限有关
:q	离开 vi/vim（常用）
:q!	若曾修改过文件，又不想存储，使用 :q! 为强制离开不储存文件
"!" 在 vi/vim 当中，常常具有"强制"的意思	
:wq	储存后离开，:wq! 则为强制储存后离开（常用）
ZZ	这是大写的字母 Z。若文件没有修改，则不储存离开，若文件已经被修改过，则存储后离开
:w[filename]	将编辑的数据储存成另一个文件（类似另存新档）
:r[filename]	在编辑的数据中，读入另一个文件的数据。即将 filename 文件内容加到光标所在行后面
:n1,n2 w[filename]	将第 n1 行到第 n2 行的内容存储成 filename 文件
:! command	暂时离开 vi/vim 到命令行模式下执行 command 的显示结果。例如，":! ls /home" 即可在 vi/vim 当中查看/home 下以 ls 输出的文件信息
vi/vim 环境的变更	
:set nu	显示行号，设定之后，会在每一行的前缀显示该行的行号
:set nonu	与 :set nu 相反，为取消行号

特别注意，在 vi/vim 中，数字是很有意义的。数字通常代表重复做几次的意思，也可能是代表到第几个的意思。

项目 3

安装 ROS

ROS 并不是真正意义上的操作系统，而是安装在 Linux 操作系统上的次级操作系统，所以在操作 ROS 前，必须掌握 Linux 操作系统的相关知识。

本项目的主要内容是安装 ROS，并练习 ROS 的常用命令。

通过 ↑、↓、←、→键可以控制小海龟的移动。如果小海龟正常移动，则说明安装成功。

在本项目中，需要完成资料收集、ROS 安装和常见命令的练习、工作空间和功能包创建、ROS 的通信结构和 launch 文件的介绍等。

综上所述，项目 3 的课程设计如表 3 - 0 - 1 所示。

表 3 - 0 - 1　安装 ROS

序列	学习单元	学习目标	学时
1	在 Linux 操作系统上安装 ROS	了解 ROS 的常用命令； 会安装 ROS； 会用海龟仿真器验证 ROS 的功能	4
2	练习 ROS 的常用命令（1）	能熟练使用 ROS 的常用命令	4
3	练习 ROS 的常用命令（2）	能熟练使用 ROS 的常用命令	4

任务 3.1　在 Linux 操作系统上安装 ROS

任务描述

1. 教学情景描述：教师讲解 ROS 的常用命令；教师指导学生安装 ROS。

2. 关键知识点：ROS 的常用命令；ROS 的安装步骤及命令。

任务目标

知识目标：

了解 ROS 的常用命令。

能力目标：

会安装 ROS。

任务分析

在教师的指导下，完成下列任务：

1. 在 Linux 操作系统上安装 ROS；
2. 用海龟仿真器验证 ROS 的功能。

任务准备

学生任务分配表如表 3 – 1 – 1 所示。

表 3 – 1 – 1　学生任务分配表

班级		组号		指导老师	
组长		组长学号			
组员		姓名	学号	姓名	学号
任务分工					

引导问题 1：了解 ROS 的常用命令。

（1）写出 ROS 的 5 个常用命令。

_____

_____

_____

（2）哪个命令是启动节点管理器？它的作用是什么？

_____

_____

_____

引导问题 2：了解 ROS 的安装。

（1）写出 3 种 ROS 版本，以及对应的 Linux 版本。

_____

_____

_____

（2）如果安装不完全，可以怎样弥补？

_____

_____

_____

任务实施

1. 制订方案

工作方案如表 3 - 1 - 2 所示。

表 3 - 1 - 2　工作方案

步骤	工作内容	负责人
1		
2		
3		
4		
5		
6		
7		
8		

2. 列出仪表、工具、耗材和器材清单

器具清单如表 3 - 1 - 3 所示。

表 3 - 1 - 3　器具清单

序号	名称	型号与规格	单位	数量	备注

3. 进行决策

（1）各组派代表阐述方案。

（2）各组对其他组的设计方案提出自己不同的看法。

（3）教师结合大家完成的情况进行点评，选出最佳方案。

4. 工作实施

（1）配置 Ubuntu 软件仓库（注意：配置中所有的 Y/N 选项，一律输入"Y"，再按 Enter 键）

启动 Ubuntu 之后，单击 Ubuntu 界面左边的"Ubuntu 软件"，如图 3 - 1 - 1 所示。

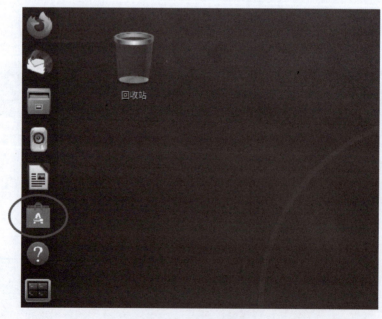

图 3 - 1 - 1　Ubuntu 界面

然后单击左上方"Ubuntu 软件"按钮，如图 3 – 1 – 2 所示。

图 3 – 1 – 2 "Ubuntu 软件"按钮

在打开的下拉菜单中选择"软件和更新"命令，如图 3 – 1 – 3 所示。

图 3 – 1 – 3 "软件与更新"命令

确认图 3 – 1 – 4 中的 4 个复选框已打钩，确认"下载自"选项为 aliyun。

图 3 – 1 – 4 配置 Ubuntu 软件

（2）设置 ROS 软件源。

手动修改软件源：

```
sudo vim /etc/apt/sources.list.d/ros.latest.list
```

将 deb https://mirrors. tuna. tsinghua. edu. cn/ros/ubuntu/ bionic main 粘贴到第一行并保存。

如果提示找不到 vim，就输入命令：

```
sudo apt - get install vim
```

然后再进行上面的操作。

（3）添加密钥。

```
sudo apt - key adv - - keyserver 'hkp:// keyserver.ubuntu.com:80 ' - - recv - key
C1CF6E31E6BADE8868B172B4F42ED6FBAB17C654
```

完成后如图3-1-5所示。

图3-1-5　添加密钥

（4）开始安装。

首先，确保Debian软件包索引是最新的：

```
sudo apt - get update
```

其次，安装ROS：

```
sudo apt install ros - melodic - desktop - full
```

安装成功，会出现图3-1-6所示界面。

图3-1-6　安装成功界面

如果提示安装不完全，运行命令：

```
sudo apt install ros-melodic-desktop-full --fix-missing
```

或者：

```
sudo apt-get -f install ros-melodic-desktop-full
```

（5）设置环境。

将 ROS 环境变量自动添加到新 bash 会话会很方便：

```
echo "source /opt/ros/melodic/setup.bash" >> ~/.bashrc
source ~/.bashrc
```

否则，每次打开终端都要设置一次环境变量：

```
source /opt/ros/melodic/setup.bash
```

（6）验证 ROS 的安装成果。

ROS 的启动需要一个 ROS Master，可以在终端输入 roscore 命令来启动 ROS Master：

```
roscore
```

安装功能包依赖：

```
sudo apt install python-rosdep python-rosinstall python-rosinstall-generator python-wstool build-essential
```

如果报错 "RLException：Unable to contact my own server at [http://123:41535/].
This usually means that the network is not configured properly."
解决方法如下。
输入命令查询 IP 地址：

```
ifconfig
```

显示如图 3-1-7 所示。

图 3 1 7 显示 IP 地址

显示结果中前面的一组数字即为 IP 地址，然后打开 ~/.bashrc 文件：

```
gedit ~/.bashrc
```

将下面两行复制粘贴到最后两行，保存后退出（注意：下面的 IP 地址要改为自己的 IP 地址查询结果）：

```
export ROS_HOSTNAME=192.168.211.132
export ROS_MASTER_URI=http://localhost:11311
```

项目

3

安装 ROS

097

最后还要执行 source 命令，才能修改成功：

```
source ~/.bashrc
```

再次输入：

```
roscore
```

显示结果如图 3-1-8 所示，表示错误解决了。

图 3-1-8　错误解决界面

然后启动一个小海龟的例程。新打开一个终端，输入命令：

```
rosrun turtlesim turtlesim_node
```

即可出现图 3-1-9 所示小海龟的画面。再打开一个终端，输入命令：

```
rosrun turtlesim turtle_teleop_key
```

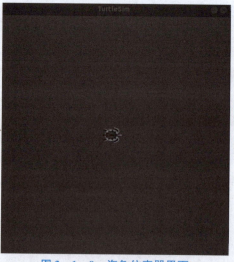

图 3-1-9　海龟仿真器界面

通过↑、↓、←、→键来控制小海龟的移动。注意，要想键盘控制小海龟移动，首先键盘的焦点必须在 rosrun turtlesim turtle_teleop_key 的终端页面内。

如果顺利操作到这一步，则表示安装成功。

任务评价

各组派代表展示成果，介绍任务的完成过程，然后完成评价表 3 - 1 - 4。

表 3 - 1 - 4 评价表

班级			姓名		学号	
任务 3.1 在 Linux 操作系统上安装 ROS						
评价项目		满分	自我评价（权重 20%）	组员互相评价（权重 30%）	教师评价（权重 50%）	综合评价
专业能力考核项目（60%）	了解 ROS 的常用命令	20				
	会安装 ROS	20				
	会用海龟仿真器验证 ROS 的功能	20				
职业素养考核项目（40%）	团队合作	10				
	引导问题填写	10				
	资料查找	10				
	成果展示	10				
总分			教师意见及签名			

知识点：ROS 的常用命令（见图 3 - 1 - 10）

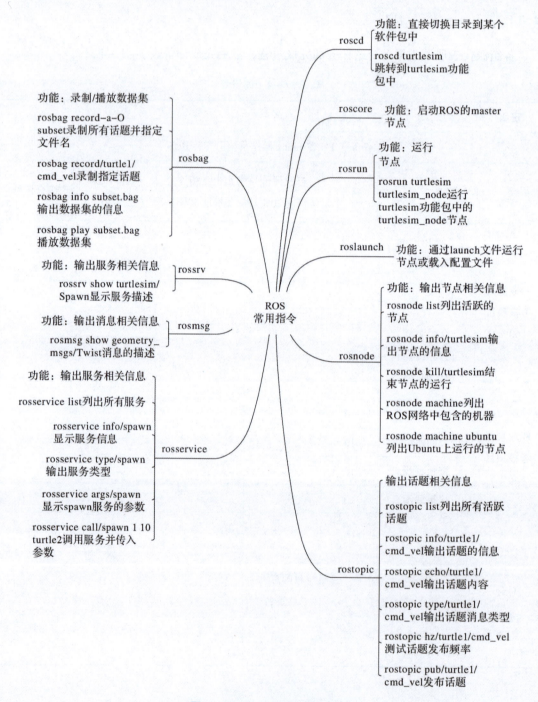

图 3 - 1 - 10　ROS 的常用命令

任务 3.2 练习 ROS 的常用命令（1）

任务描述

1. 教学情景描述：学生观看小海龟的动作，然后假设客户提问，需要学生解释 ROS 的原理；了解 ROS 的常见命令。

2. 关键知识点：roscd，roscore，rosrun，rosnode，rostopic 命令的使用方法。

任务目标

知识目标：

掌握 roscd，roscore，rosrun，rosnode，rostopic 命令的使用方法。

能力目标：

会使用 ROS 的 5 个常用命令：roscd，roscore，rosrun，rosnode，rostopic。

任务分析

阅读教材和搜索网站，然后按照步骤完成命令操作。

任务准备

学生任务分配表如表 3 – 2 – 1 所示。

表 3 – 2 – 1　学生任务分配表

班级		组号		指导老师	
组长		组长学号			
组员		姓名	学号	姓名	学号
任务分工					

项目 3 安装 ROS

引导问题1：搜索网站并回答下列问题。

（1）roscd 和 cd 命令有什么区别？

_____

_____

_____

（2）若某节点已经启动，此时再关闭 roscore 是否影响该节点的运行？

_____

_____

_____

任务实施

1. 制订方案

工作方案如表3-2-2所示。

表3-2-2　工作方案

步骤	工作内容	负责人
1		
2		
3		
4		
5		
6		
7		
8		

2. 列出仪表、工具、耗材和器材清单

器具清单如表3-2-3所示。

表3-2-3　器具清单

序号	名称	型号与规格	单位	数量	备注

序号	名称	型号与规格	单位	数量	备注

3. 进行决策

（1）各组派代表阐述方案。

（2）各组对其他组的设计方案提出自己不同的看法。

（3）教师结合大家完成的情况进行点评，选出最佳方案。

4. 工作实施

（1）roscd。

看到 roscd，可能会想到之前介绍过 Linux 操作系统下有一个 cd 命令，用于跳转目录，而 roscd 也是用于跳转目录，但不同的地方在于 roscd 后面要跟的是功能包名，如 turtlesim 这个功能包，如图 3 - 2 - 1 所示。

图 3 - 2 - 1　使用 roscd 命令跳转目录

这里通过 roscd 命令就直接跳到了 opt/ros/melodic/share/turtlesim 目录下。opt/ros/melodic/share 目录是安装 ROS 功能包的地方。那么显而易见 roscd 命令的功能就是可以直接跳转到功能包所对应的目录下。

（2）roscore。

这个命令在安装完 ROS 的时候也用到过。测试 ROS 启动时输入 roscore，主要是启动 ROS 的一个节点管理器和一些必要的日志输出文件，以及参数服务器，如图 3 - 2 - 2 所示。

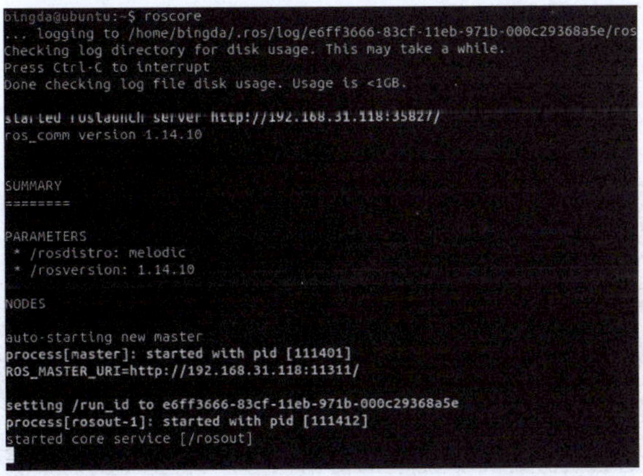

图 3 - 2 - 2　使用 roscore 命令

项目 3 安装 ROS

103

（3）rosrun。

rosrun 的功能是运行节点，rosrun 后面是要带参数的，至少要带 2 个参数。第 1 个是功能包名，第 2 个是可执行程序名。打开一个新终端运行 rosrun turtlesim turtlesim_node，这条命令的作用就是运行 turtlesim 这个功能包下的 turtlesim_node 节点。从图 3 - 2 - 3 可以看到这里出来了界面，有一个小海龟在界面上。这个是 ROS 官方提供的一个小的 demo，这一节课所有的命令都是在这个 demo 下来操作。

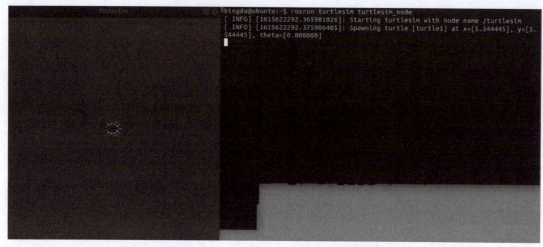

图 3 - 2 - 3   使用 rosrun 命令的运行结果

这里需要注意，使用 rosrun 来运行 turtlesim_node 的时候要在新终端运行，而不要把原终端的 roscore 关了再运行 rosrun turtlesim turtlesim_node，否则会有报错提示 master 节点未开，如图 3 - 2 - 4 所示。

```
bingda@ubuntu:~$ rosrun turtlesim turtlesim_node
[ERROR] [1615621636.855632636]: [registerPublisher] Failed to contact master at [192.168.31.118:11311]. Retrying...
```

图 3 - 2 - 4   报错提示

（4）rosnode。

rosnode 的功能是输出节点相关信息，rosnode 顾名思义就是跟节点有关的一些操作。直接运行 rosnode 可以看到它的一些提示信息，如图 3 - 2 - 5 所示。下面会介绍可以带哪些参数。

```
bingda@ubuntu:~$ rosnode
rosnode is a command-line tool for printing information about ROS Nodes.

Commands:
        rosnode ping     test connectivity to node
        rosnode list     list active nodes
        rosnode info     print information about node
        rosnode machine list nodes running on a particular machine or list machines
        rosnode kill     kill a running node
        rosnode cleanup purge registration information of unreachable nodes

Type rosnode <command> -h for more detailed usage, e.g. 'rosnode ping -h'
```

图 3 - 2 - 5   使用 rosnode 命令

①rosnode list 为列出当前节点，如图3-2-6所示。

图3-2-6　rosnode list

可以看到当前是有运行两个节点：rosout 和 turtlesim。turtlesim 就是手动通过 rosrun 命令启动的节点，rosout 是通过 roscore 启动 rosmaster 时，自动启动的日志节点。

②rosnode info 为查询节点信息。

rosnode info 后面还需要带一个参数，也就是节点。这里也可以使用 tap 自动补全，输入 turtlesim 这个节点，如图3-2-7所示。

图3-2-7　rosnode info

会列出节点的各种信息，包括节点名称、发布了哪些话题、订阅了哪些话题、有哪些服务，还有更详细的端口号、跟哪些节点有连接关系，以及它传输的方式是 TCPROS。

③rosnode kill 为杀掉一个节点。

rosnode kill 是通过 kill 的方式来结束一个节点。终端运行 rosnode kill /turtlesim，就会结束节点 turtlesim_node。

④rosnode machine 为列出运行在特定机器上的节点，如图3-2-8所示。

图3-2-8　rosnode machine

只运行 rosnode machine 会列出哪些机器上运行了节点。节点可以运行在一台机器上也可以运行在多台机器上。这里的 ubuntu 是计算机名，并不是代表 ubuntu 系统，如果把计算机名改为其他的，如 bingda，那这里出现的就会是 bingda，在这里是只有 ubuntu 这台机器运行

了节点。如果 node machine 后面跟上设备名 ubuntu，就可以看到 ubuntu 这台机器上现在运行了哪些节点。

（5）rostopic。

rostopic 的功能是输出话题相关信息，终端运行 rostopic 如图 3-2-9 所示，先看一下可以跟哪些参数，这里挑几个比较重要的。

```
bingda@ubuntu:~$ rostopic
rostopic is a command-line tool for printing information about ROS Topics.

Commands:
        rostopic bw      display bandwidth used by topic
        rostopic delay   display delay of topic from timestamp in header
        rostopic echo    print messages to screen
        rostopic find    find topics by type
        rostopic hz      display publishing rate of topic
        rostopic info    print information about active topic
        rostopic list    list active topics
        rostopic pub     publish data to topic
        rostopic type    print topic or field type

Type rostopic <command> -h for more detailed usage, e.g. 'rostopic echo -h'

bingda@ubuntu:~$
```

图 3-2-9　rostopic

①rostopic list 为列出当前所有活跃的话题，如图 3-2-10 所示。

```
bingda@ubuntu:~$ rostopic list
/rosout
/rosout_agg
/turtle1/cmd_vel
/turtle1/color_sensor
/turtle1/pose
bingda@ubuntu:~$
```

图 3-2-10　rostopic list

rosout、rosout_agg 是跟 rosmaster 相关的一些日志输出的话题。turtle1/cmd_vel 是一个运动相关的话题。打开一个新终端，启动一个键盘遥控程序 rosrun turtlesim turtle_teleop_key，如图 3-2-11 所示。

```
bingda@ubuntu:~$ rosrun turtlesim turtle_teleop_key
Reading from keyboard
---------------------------
Use arrow keys to move the turtle. 'q' to quit.
```

图 3-2-11　启动一个键盘遥控程序

运行这个节点可以通过↑、↓、←、→键来控制小海龟的位置移动，前进、后退和旋转等。这个键盘遥控程序发布的就是 cmd_vel 话题。

②rostopic info 为查看话题类型以及发布订阅关系。通过 rostopic info 查看这个话题，如图 3-2-12 所示。

```
bingda@ubuntu:~$ rostopic info /turtle1/cmd_vel
Type: geometry_msgs/Twist

Publishers:
 * /teleop_turtle (http://192.168.31.122:43153/)

Subscribers:
 * /turtlesim (http://192.168.31.118:42443/)

bingda@ubuntu:~$
```

图 3-2-12　rostopic info

话题的类型就是 message（消息）。它的 message 是 geometry_msgs/Twist。

它的发布者是 teleop_turtle。这个键盘遥控程序订阅者是 turtlesim，是小海龟界面。

③rostopic ehco 为打印出一个话题传出的内容。

可以通过 rostopic echo 把话题内容输出，如图 3 – 2 – 13 所示。

图 3 – 2 – 13　rostopic echo

现在还没有任何的输出信息。回到键盘遥控程序，把光标放在上面，按一次向上的方向键（PgUp）。这里可以看到开始输出新的信息，如图 3 – 2 – 14 所示。

图 3 – 2 – 14　按一次向上的方向键后开始输出新的信息

通过 echo 的方式，相当于注册了一个新的订阅者。当这个话题在网络内有发布的时候，可以收到一份，并且可以打印出来话题内容。

④rostopic type 为输出话题类型。

rostopic type 是一个 info 的简化版，它只输出一个话题的消息类型，如图 3 – 2 – 15 所示。

图 3 – 2 – 15　rostopic type

⑤rostopic hz 为检查消息发布频率，如图 3 – 2 – 16 所示。

图 3 – 2 – 16　rostopic hz

运行之后，小海龟没有移动时输出结果：no new messages。用键盘控制小海龟移动时就会根据接收的消息计算出当前消息发布的频率。

⑥rostopic pub 为向话题发布数据。

刚刚借助了一个键盘遥控节点来控制海龟的移动。如果想要手动通过命令行发布一个消息就需要用到 rostopic pub。终端输入"rostopic pub + 话题名"，输入完之后按两下 Tab 键可

项目

3

安装 ROS

以自动补全消息的类型以及它里面要填充的参数。第一个参数是 linear 线速度，下面还有一个 angular（角速度），如图 3 - 2 - 17 所示。

```
bingda@ubuntu:~$ rostopic pub /turtle1/cmd_vel geometry_msgs/Twist "linear:
  x: 0.0
  y: 0.0
  z: 0.0
angular:
  x: 0.0
  y: 0.0
  z: 0.0"
```

图 3 - 2 - 17　rostopic pub

把 angular（角速度）的 z 项，也就是旋转角速度，填为 1，如图 3 - 2 - 18 所示。

```
bingda@ubuntu:~$ rostopic pub /turtle1/cmd_vel geometry_msgs/Twist "linear:
  x: 0.0
  y: 0.0
  z: 0.0
angular:
  x: 0.0
  y: 0.0
  z: 1.0"
publishing and latching message. Press ctrl-C to terminate
```

图 3 - 2 - 18　把 angular 的 z 项填为 1

在小海龟的界面是可以看到小海龟转动了一下就停了。这个就是通过 pub 的方式来发布消息。pub 之后也是可以跟参数的，如 - r 10，如图 3 - 2 - 19 所示。

```
bingda@ubuntu:~$ rostopic pub -r 10 /turtle1/cmd_vel geometry_msgs/Twist "linear
:
  x: 0.0
  y: 0.0
  z: 0.0
angular:
  x: 0.0
  y: 0.0
  z: 1.0"
```

图 3 - 2 - 19　rostopic pub - r 10

这条命令会让小海龟持续地转动，因为这条命令是以 10 Hz 的频率来发布的。在 pub 后面加的参数 - r 10，就是代表频率。

也可以用 rostopic hz 验证一下。平均的发布频率也是 10 Hz，和 rostopic pub 发布出去的消息是相符的，如图 3 - 2 - 20 所示。

```
bingda@ubuntu:~$ rostopic hz /turtle1/cmd_vel
subscribed to [/turtle1/cmd_vel]
average rate: 9.995
        min: 0.099s max: 0.101s std dev: 0.00070s window: 10
average rate: 10.000
        min: 0.099s max: 0.102s std dev: 0.00072s window: 20
average rate: 10.000
        min: 0.099s max: 0.102s std dev: 0.00064s window: 30
average rate: 9.998
```

图 3 - 2 - 20　用 rostopic hz 验证

任务评价

各组派代表展示成果，介绍任务的完成过程，然后完成评价表 3 - 2 - 4。

班级			姓名		学号	
任务 3.2　练习 ROS 的常用命令（1）						
评价项目		满分	自我评价（权重 20%）	组员互相评价（权重 30%）	教师评价（权重 50%）	综合评价
专业能力考核项目（60%）	能熟练使用 ROS 的 5 个常见命令：roscd，roscore，rosrun，rosnode，rostopic	60				
职业素养考核项目（40%）	团队合作	10				
	引导问题填写	10				
	资料查找	10				
	成果展示	10				
总分			教师意见及签名			

任务 3.3　练习 ROS 的常用命令（2）

任务描述

1. 教学情景描述：学生观看小海龟的动作，然后假设客户提问，需要学生解释 ROS 的原理；了解 ROS 的常见命令。

2. 关键知识点：rosservice，rosmsg，rossrv，rosbag 命令的使用方法。

任务目标

知识目标：

掌握 rosservice，rosmsg，rossrv，rosbag 命令的使用方法。

能力目标：

会使用 ROS 的 4 个常用命令：rosservice，rosmsg，rossrv，rosbag。

任务分析

阅读教材和搜索网站，然后按照步骤完成命令操作。

任务准备

学生任务分配表如表3-3-1所示。

表3-3-1 学生任务分配表

班级		组号		指导老师	
组长		组长学号			
组员	姓名	学号	姓名		学号
组员					
组员					
组员					
任务分工					

引导问题1：搜索网站并回答下列问题。

（1）rosbag 有哪些作用？

_____

_____

_____

（2）rosservice 后面可以带哪些参数？

_____

_____

_____

_____

任务实施

1. 制订方案

工作方案如表3-3-2所示。

表3-3-2 工作方案

步骤	工作内容	负责人
1		
2		
3		
4		
5		
6		
7		
8		

2. 列出仪表、工具、耗材和器材清单

器具清单如表3-3-3所示。

表3-3-3 器具清单

序号	名称	型号与规格	单位	数量	备注

3. 进行决策

（1）各组派代表阐述方案。

（2）各组对其他组的设计方案提出自己不同的看法。

（3）教师结合大家完成的情况进行点评，选出最佳方案。

4. 工作实施

（1）rosservice。

在终端输入 rosservice，然后按 Enter 键，看可以带哪些参数，如图 3-3-1 所示。

图 3-3-1　rosservice

运行 rosservice list，列出运行的程序当中所有使用到的服务。这里以 spawn 服务为例，对 rosservice 命令进行讲解。

运行 rosservice info /spawn 可以看到它是由 turtlesim 这个节点所产生的。类型是 turtlesim/Spawn 这个服务。后面有参数 Args：x 坐标，y 坐标，方向 theta 和名称 name，如图 3-3-2 所示。

图 3-3-2　rosservice info /spawn

运行 rosservice args /spawn 看一下参数 Args，它列出了所需要用到的参数，如图 3-3-3 所示。可以看到这里运行的结果和 info 当中的 Args 信息是一样的。

图 3-3-3　rosservice args /spawn

使用 rosservice call 试着调用一下这个服务。它要带 4 个参数，第 1 个参数是 x 轴坐标，第 2 个参数是 y 轴坐标，第 3 个参数是 theta（方向），第 4 个参数是 name（名称），分别设置为 1，1，0，turtl2。

在终端运行 rosservice call /spawn 1 1 0 turtl2，如图 3-3-4 所示。

图 3 - 3 - 4　在终端运行 rosservice call /spawn 1 1 0 turtl2

此时可以看到小海龟界面上又多了一个小海龟，spawn 服务就是产生一个新的海龟。在运行完这条命令之后，调用了一下 spawn 服务。它有一条应答，输出了海龟的名字，这个就是服务下面一些主要的用法。关于服务的其他用法也可以通过加 – h 参数查看帮助来自行摸索，如图 3 – 3 – 5 所示。在帮助里会详细介绍命令的使用格式和可以带的参数等。

```
bingda@ubuntu:~$ rosservice find -h
Usage: rosservice find msg-type

Options:
  -h, --help  show this help message and exit
```

图 3 - 3 - 5　rosservice find – h

（2）rosmsg。

rosmsg 的功能是输出消息相关信息，终端输入 rosmsg，然后按 Enter 键，如图 3 – 3 – 6 所示，可以看到这个命令下也是有很多参数可选，这里着重讲一下 show 参数。

```
bingda@ubuntu:~$ rosmsg
rosmsg is a command-line tool for displaying information about ROS Message types


Commands:
    rosmsg show      Show message description
    rosmsg info      Alias for rosmsg show
    rosmsg list      List all messages
    rosmsg md5       Display message md5sum
    rosmsg package   List messages in a package
    rosmsg packages  List packages that contain messages

Type rosmsg <command> -h for more detailed usage
bingda@ubuntu:~$
```

图 3 - 3 - 6　rosmsg

直接运行 rosmsg show 是什么结果都没有的。所以加上 – h 参数查看一下帮助。如图 3 – 3 – 7 所示，根据提示可以看到，这个命令是要带一个消息类型的。

```
bingda@ubuntu:~$ rosmsg show
^Cbingda@ubuntu:~$ rosmsg show -h
Usage: rosmsg show [options] <message type>

Options:
  -h, --help            show this help message and exit
  -r, --raw             show raw message text, including comments
  -b BAGFILE, --bag=BAGFILE
                        show message from .bag file
bingda@ubuntu:~$
```

图 3 - 3 - 7　rosmsg show

在任务 3.2 中有提到过/turtle1/cmd_vel 话题的消息类型是 geometry_msgs/Twist。先通过 rostopic info 找到/turtle1/cmd_vel 话题中间沟通用的消息类型 geometry_msgs/Twist，把它复制下来，然后运行 rosmsg show geometry_msgs/Twist，如图 3－3－8 所示。

```
bingda@ubuntu:~$ rostopic info /turtle1/cmd_vel
Type: geometry_msgs/Twist

Publishers: None

Subscribers:
 * /turtlesim (http://192.168.31.122:46757/)


bingda@ubuntu:~$ rosmsg show geometry_msgs/Twist
geometry_msgs/Vector3 linear
  float64 x
  float64 y
  float64 z
geometry_msgs/Vector3 angular
  float64 x
  float64 y
  float64 z
```

图 3－3－8　运行 rostopic info/turtle1/cmd_vel 和 rosmsg show geometry_msgs/Twist

结果显示 geometry_msgs/Twist 包含了 2 个向量，第 1 个代表三轴的线速度，第 2 个代表三轴的角速度。所以，通过 rosmsg 就可以看到每一个话题当中沟通使用的消息类型里面具体包括了什么内容。

（3）rossrv。

rossrv 的功能是输出服务相关信息，它和 rosmsg 的功能类似，也是用来显示所用到的服务里面的信息。下面查看一下/spawn 这个服务。

先运行 rosservice info /spawn 查看服务信息，复制服务的类型 turtlesim/Spawn，然后运行 rossrv show turtlesim/Spawn，如图 3－3－9 所示。

```
bingda@ubuntu:~$ rosservice info /spawn
Node: /turtlesim
URI: rosrpc://192.168.31.122:53237
Type: turtlesim/Spawn
Args: x y theta name
bingda@ubuntu:~$ rossrv show turtlesim/Spawn
float32 x
float32 y
float32 theta
string name
---
string name
```

图 3－3－9　运行 rosservice info /spawn，再运行 rossrv show turtlesim/Spawn

输出内容里有 3 条短横线组成的一个分隔符，分隔符以上的几个参数是客户端向服务器请求时所要带的参数。分隔符以下是服务器向客户端响应时所带的参数。在请求时需要带 4 个参数，包含海龟的 x 轴坐标、y 轴坐标、方向和名字。在响应时带的参数就是海龟的名字。

（4）rosbag。

rosbag 的功能是播放/录制数据集。在讲解 rosbag 之前，先通过命令行发布一个消息，让 2 号小海龟原地转圈，如图 3－3－10 所示。

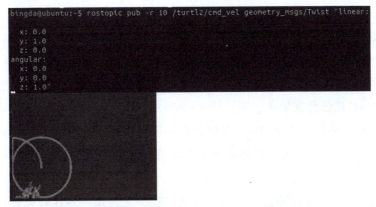

图 3 - 3 - 10　通过命令行使 2 号小海龟原地转圈

持续发布一个线速度和角速度都为 1 时，可以看到 2 号小海龟已经开始转圈了。

①rosbag record：录制数据集。

接下来演示 rosbag 的用法，在终端运行 rosbag record - a - O subset，如图 3 - 3 - 11 所示。

```
bingda@ubuntu:~$ rosbag record -a -O subset
[ INFO] [1615795667.824332815]: Subscribing to /turtle1/color_sensor
[ INFO] [1615795667.829209932]: Recording to 'subset.bag'.
[ INFO] [1615795667.831062575]: Subscribing to /turtl2/pose
[ INFO] [1615795667.832634289]: Subscribing to /rosout
[ INFO] [1615795667.834436484]: Subscribing to /rosout_agg
[ INFO] [1615795667.836955929]: Subscribing to /turtl2/color_sensor
[ INFO] [1615795667.839655314]: Subscribing to /turtl2/cmd_vel
[ INFO] [1615795667.854404087]: Subscribing to /turtle1/pose
^Cbingda@ubuntu:~$ ls
bingda.txt  Desktop    Downloads      Music     Public   subset.bag  Videos
catkin_ws   Documents  examples.desktop  Pictures  snap     Templates
bingda@ubuntu:~$
```

图 3 - 3 - 11　rosbag record - a - O subset

rosbag 可以录制当前 ROS 通信网络当中所有的话题信息。方法是 record - a，代表录制所有的话题。" - O"可以指定一个话题名，如 subset。命令运行后就已经开始录制话题了，录制完成后直接按 Ctrl + C 快捷键结束。此时使用 ls 就可以看到已经有一个 subset. bag 文件。这是录制所有的话题，如果只关心某一个话题，也可以将 - a 替换成想要录制的话题名。

例如，想录制 turtl2/cmd_vel 这个话题，则将 - a 替换成 turtl2/cmd_vel 这个话题，效果如图 3 - 3 - 12 所示。

```
bingda@ubuntu:~$ rosbag record /turtl2/cmd_vel -O subset
[ INFO] [1615796138.748431047]: Subscribing to /turtl2/cmd_vel
[ INFO] [1615796138.752946706]: Recording to 'subset.bag'
^Cbingda@ubuntu:~$ ls ls
2021-03-15-16-14-20.bag  Desktop   examples.desktop  Public    Templates
bingda.txt               Documents Music             snap      Videos
catkin_ws                Downloads Pictures          subset.bag
bingda@ubuntu:~$ rosbag info subset.bag
path:        subset.bag
version:     2.0
duration:    8.2s
start:       Mar 15 2021 16:15:39.04 (1615796139.04)
end:         Mar 15 2021 16:15:47.24 (1615796147.24)
size:        14.5 KB
messages:    83
compression: none [1/1 chunks]
types:       geometry_msgs/Twist [9f195f881246fdfa2798d1d3eebca84a]
topics:      /turtl2/cmd_vel  83 msgs   : geometry_msgs/Twist
bingda@ubuntu:~$
```

图 3 - 3 - 12　rosbag record/turtl2/cmd_vel - O subset

②rosbag info：输出数据集信息。

运行 rosbag record /turtl2/cmd_vel – O subset，开始录制后等待几秒再结束录制。通过 rosbag info 命令查看文件 subset. bag。这个命令可以看到数据集的路径、录制的时长、开始时间、结束时间、文件大小、录制消息数量、录制消息类型及录制了哪些话题。

③rosbag play：播放数据集。

数据集的播放是使用 rosbag play，先将 2 号小海龟转圈的命令停止。小海龟停下来后，运行 rosbag play subset. bag，播放刚刚录制的数据集。小海龟将随着数据集的播放重新转圈，完全复现了刚刚录制的内容。

rosbag 功能一般是用在需要记录一些实验的过程，尤其是一些比较复杂的实验。例如，开发一个机器人去做了一些导航测试，测试环境搭建较为困难，这种情况下就可以在测试的过程中，把所有的数据录制下来，方便进行重演，这就是数据包的作用。

任务评价

各组派代表展示成果，介绍任务的完成过程，然后完成评价表 3 – 3 – 4。

表 3 – 3 – 4　评价表

班级			姓名		学号	
任务 3.3　练习 ROS 的常用命令（2）						
评价项目		满分	自我评价（权重 20%）	组员互相评价（权重 30%）	教师评价（权重 50%）	综合评价
专业能力考核项目（60%）	能熟练使用 ROS 的 4 个常用命令：rosservice，rosmsg，rossrv，rosbag	60				
职业素养考核项目（40%）	团队合作	10				
	引导问题填写	10				
	资料查找	10				
	成果展示	10				
总分			教师意见及签名			

项目 4

操作 ROS

在本项目中，需要完成资料收集、工作空间创建和功能包创建，并介绍 ROS 的通信结构和 launch 文件。

综上所述，项目 4 的课程设计如表 4 – 0 – 1 所示。

表 4 – 0 – 1　操作 ROS

序列	学习单元	学习目标	学时
1	创建工作空间和功能包	能描述工作空间和功能包的概念； 能创建工作空间； 能创建功能包	4
2	学习 ROS 的通信结构	能描述 OS 层、中间层、应用层的关系； 能描述 node 和 master 的关系； 能描述节点之间的通信方式	2
3	编程实现发布者和订阅者	会用编程实现发布者； 会用编程实现订阅者； 会用编程实现话题消息	4
4	编程实现客户端和服务器	会用编程实现客户端； 会用编程实现服务器； 会用编程实现服务数据	4
5	编程使用 launch 文件	了解 launch 文件的作用； 掌握 launch 文件的参数； 会编写简单的 launch 文件	2

序列	学习单元	学习目标	学时
6	配置分布式多机通信	了解分布式通信； 会配置双机 ROS； 会配置多机 ROS	4

任务 4.1　创建工作空间和功能包

任务描述

在项目 3 中演示的小海龟例程是由 ROS 官方已经提供好的，直接安装上就能使用。如果想要运行一些 ROS 没有提供的，或者自己想设计一些功能包，应该要怎么做呢？本任务将介绍 ROS 的工作空间和代码编译。

1. 教学情景描述：教师讲解工作空间和功能包的概念；在教师的指导下，学生创建工作空间和功能包。
2. 关键知识点：工作空间和功能包的概念；创建工作空间和功能包的相关命令。

任务目标

知识目标：

1. 掌握工作空间的概念；
2. 掌握功能包的概念。

能力目标：

1. 能创建工作空间；
2. 能创建功能包。

任务分析

阅读教材和搜索网站，然后完成以下任务：

1. 建立一个名为 catkin_ws 的工作空间；
2. 编译该工作空间：catkin_make；
3. 获取功能包；
4. 创建功能包：learning_communication。

任务分组

学生任务分配表如表 4-1-1 所示。

表 4-1-1　学生任务分配表

班级		组号		指导老师	
组长		组长学号			
组员		姓名	学号	姓名	学号
任务分工					

引导问题1： 搜索网站并回答下列问题。

（1）什么是工作空间？

_____

_____

_____

（2）工作空间中的代码空间起什么作用，全称是什么？

_____

_____

_____

📖 小提示

工作空间

使用 ROS 实现机器人开发的主要方法是写代码，那么这些代码文件就需要放置到一个固定的空间内，也就是工作空间。

什么是工作空间？工作空间（workspace）是一个存放工程开发相关文件的文件夹。Fuerte 版本之后的 ROS 默认使用的是 Catkin 编译系统，一个典型的工作空间中一般包括以下 4 个目录空间。

（1）src：代码空间（source space），开发过程中最常用的文件夹，用来存储所有 ROS

功能包的源码文件。

（2）build：编译空间（build space），用来存储工作空间编译过程中产生的缓存信息和中间文件。

（3）devel：开发空间（development space），用来放置编译生成的可执行文件。

（4）install：安装空间（install space），编译成功后，可以使用 make install 命令将可执行文件安装到该空间中，运行该空间中的环境变量脚本，即可在终端中运行这些可执行文件。安装空间并不是必需的，很多工作空间中可能并没有该文件夹。

引导问题 2：了解功能包。

（1）什么是功能包？

_____

_____

_____

_____

（2）编译的作用是什么？

_____

_____

_____

任务实施

1. 制订方案

工作方案如表 4 – 1 – 2 所示。

表 4 – 1 – 2　工作方案

步骤	工作内容	负责人
1		
2		
3		
4		
5		
6		
7		
8		

2. 列出仪表、工具、耗材和器材清单

器具清单如表4-1-3所示。

表4-1-3　器具清单

序号	名称	型号与规格	单位	数量	备注

3. 进行决策

（1）各组派代表阐述方案。

（2）各组对其他组的设计方案提出自己不同的看法。

（3）教师结合大家完成的情况进行点评，选出最佳方案。

4. 工作实施

（1）建立一个工作空间：mkdir catkin_ws。

（2）编译工作空间：catkin_make。

（3）获取功能包。

（4）创建功能包：learning_communication。

任务评价

各组派代表展示成果，介绍任务的完成过程，然后完成评价表4-1-4。

表4-1-4 评价表

班级			姓名		学号	
任务4.1 创建工作空间和功能包						
评价项目		满分	自我评价 （权重20%）	组员互相评价 （权重30%）	教师评价 （权重50%）	综合评价
专业能力 考核项目 （60%）	能描述工作空间 和功能包的概念	20				
	能创建工作空间	20				
	能创建功能包	20				
职业素养 考核项目 （40%）	团队合作	10				
	引导问题填写	10				
	资料查找	10				
	成果展示	10				
总分			教师意见 及签名			

知识链接

知识点一：创建工作空间

1. 建立一个工作空间：mkdir catkin_ws

工作空间的名称是没有限制的，可以自行定义。为了跟 ROS 官方 Wiki 的指导手册当中保持一致，建议沿用 catkin_ws 这个文件夹名。运行 cd 进到工作空间下，在工作空间下创建一个 src 文件夹，至此工作空间创建完成，如图 4-1-1 所示。

图 4-1-1　建立一个工作空间

2. 编译工作空间：catkin_make

要编译工作空间内的代码，必须在工作空间的根目录，用 catkin_make 命令编译这个工作空间，如图 4-1-2 所示。

图 4-1-2　编译工作空间

编译完成后，工作空间下就新增了 build 和 devel 这两个文件夹，这个是系统在编译过程中自动生成的，如图 4-1-3 所示。

图 4-1-3　编译后新增的 build 和 devel 文件夹

src 目录就是用来放功能包源码的，如果想运行自己的功能包，代码需要放到 src 目录下。例如，获取一个已经编写好的功能包。进入 src 文件夹，获取功能包：git clone https://gitee.com/liufuzhi/bingda_tutorials.git，如图 4-1-4 所示。

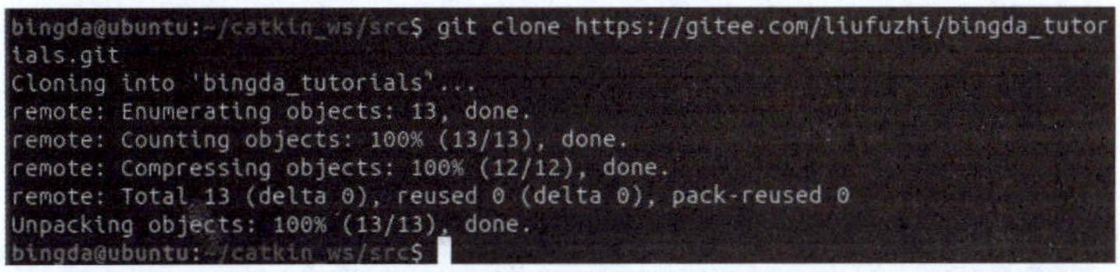

图 4-1-4　获取功能包

加入了新的功能包代码之后，要把该功能包放在 catkin_ws/src 下面。然后工作空间需要重新编译，跳转到上一级，在 catkin_ws 目录运行 catkin_make，切记 catkin_make 必须在工作空间的主目录下运行。编译完成后代码还是运行不了，因为工作空间只是被编译了，并没有加入环境变量中，ROS 无法调用这里面的功能。所以下一步把工作空间加到环境变量中。

环境变量的编辑还是通过 vim 编辑器打开.bashrc 文件来操作。在文件末尾加入：

```
source /home/bingda/catkin_ws/devel/setup.bash
```

把这一行加完之后就可以保存退出，运行 source.bashrc，重新加载环境变量。

运行 roslaunch bingda_tutorials bingda_talker.launch，启动一个消息的发布者。运行 roslaunch bingda_tutorials bingda_listener.launch，启动一个消息的订阅者。

这里介绍了在没有使用 apt 安装的前提下，应该如何去编译运行自己编写的或者别人提供的功能包。

知识点二：创建功能包

ROS 中功能包的形式如下：

```
my_ package/
    CMakeLists.txt
    package.xml
...
```

package.xml 文件提供了功能包的元信息，也就是描述功能包属性的信息。CMake-Lists.txt 文件记录了功能包的编译规则（ROS 不允许在某个功能包中嵌套其他功能包，多个功能包必须平行放置在代码空间中）。

ROS 提供直接创建功能包的命令 catkin_create_pkg，该命令的格式如下：

```
catkin_create_pkg <package_name> [depend1][depend2][depend3]
```

在运行 catkin_create_pkg 命令时，用户需要输入功能包的名称（package_name）和所依赖的其他功能包名称（depend1，depend2，depend3）。例如，需要创建 learning_communication 功能包，该功能包依赖于 std_msgs，roscpp，rospy 等功能包。

首先进入代码空间，使用 catkin_create_pkg 命令创建功能包：

```
cd ~/catkin_ws/src
catkin_create_pkg learning_communication std_msgs rospy roscpp
```

创建完成后，代码空间 src 中会生成一个 learning_communication 功能包，其中已经包含 package.xml 和 CMakeLists.txt 文件。

然后回到工作空间的根目录下进行编译，并且设置环境变量：

```
cd ~/catkin_ws
catkin_make
source ~/catkin_ws/devel/setup.bash
```

以上便是创建一个功能包的基本流程。

任务 4.2 学习 ROS 的通信结构

任务描述

1. 教学情景描述：教师讲解 ROS 的通信结构；在教师的指导下，学生完成课堂作业。
2. 关键知识点：OS 层、中间层、应用层的关系；node 和 master 的关系；能描述节点之间的通信方式。

任务目标

知识目标：

1. 了解 OS 层、中间层、应用层的关系；

2. 了解 node 和 master 的关系；

3. 掌握节点之间的通信方式。

能力目标：

1. 能描述 OS 层、中间层、应用层的关系；

2. 能描述 node 和 master 的关系；

3. 能描述节点之间的通信方式。

任务分析

阅读教材和搜索网站，然后完成以下任务：

1. OS 层、中间层、应用层的关系；

2. 描述 node 和 master 的关系；

3. 绘制节点之间的通信方式图；

4. 描述话题和服务的区别。

任务准备

学生任务分配表如表 4 - 2 - 1 所示。

表 4 - 2 - 1 学生任务分配表

班级		组号		指导老师	
组长		组长学号			
组员		姓名	学号	姓名	学号
任务分工					

引导问题 1：了解 OS 层、中间层、应用层的关系。

（1）与手机作类比，OS 层、中间层、应用层分别相当于手机的哪些部分？

_____

_____

_____

_____

（2）ROS 属于哪一层？

_____

_____

_____

_____

小提示

引导问题 2：了解 node 和 master 的关系。

（1）为什么启动节点前，都要启动 roscore？

_____

_____

_____

_____

（2）node 是什么？

_____

_____

_____

（3）什么是通信？节点之间有哪些通信方式？

_____

_____

_____

_____

任务实施

1. 制订方案

工作方案如表 4 - 2 - 2 所示。

表 4 – 2 – 2　工作方案

步骤	工作内容	负责人
1		
2		
3		
4		
5		
6		
7		
8		

2. 列出仪表、工具、耗材和器材清单

器具清单如表 4 – 2 – 3 所示。

表 4 – 2 – 3　器具清单

序号	名称	型号与规格	单位	数量	备注

3. 进行决策

（1）各组派代表阐述方案。

（2）各组对其他组的设计方案提出自己不同的看法。

（3）教师结合大家完成的情况进行点评，选出最佳方案。

4. 工作实施

（1）OS 层、中间层、应用层的关系。

（2）描述 node 和 master 的关系。

（3）绘制节点之间的通信方式图。

（4）描述话题和服务的区别。

任务评价

各组派代表展示成果，介绍任务的完成过程，然后完成评价表 4 - 2 - 4。

表 4 - 2 - 4 评价表

班级			姓名		学号	
任务 4.2 学习 ROS 的通信结构						
评价项目		满分	自我评价 （权重 20%）	组员互相评价 （权重 30%）	教师评价 （权重 50%）	综合评价
专业能力 考核项目 （60%）	能描述 OS 层、中间层、应 用层的关系	20				
	能描述 node 和 master 的关系	20				
	能描述节点之 间的通信方式	20				
职业素养 考核项目 （40%）	团队合作	10				
	引导问题填写	10				
	资料查找	10				
	成果展示	10				
总分			教师意见 及签名			

知识链接

知识点：ROS 通信结构

ROS 的通信结构如图 4 - 2 - 1 所示，它从下往上分成了 OS 层、中间层、应用层。

OS 层：是操作系统层也就是现在使用的 Ubuntu，它提供了操作系统这一层的相关东西，对 ROS 开发来说不需要过多了解。

中间层：这里有 TCPROS/UDPROS、Nodelet API、Client Library。TCPROS/UDPROS 是基于 TCP、IP 做的二次封装，取名为 TCPROS 和 UDPROS。

Nodelet API 为了弥补 TCPROS/UDPROS 使用中的一些不足，它是使用一种共享内存的方法而不是网络传输来实现一些数据的共享。

Client Library 是客户端的库，这个库是指把 UDPROS 和 TCPROS 再继续进行封装成一些 ROS 的具体通信实现方法，如后面要提到的话题、服务等。

应用层：最左边是一个 master，master 是跟中间层一起框起来，上面标注了一个 ROS。

这是因为 master 节点是每一个 ROS 进程中必须有的并且只能唯一有的，所以 master 节点也是 ROS 官方提供的。它用来管理右边这些应用层的 node，而每一个 node 就是一个个相互独立的应用。

　　ROS 的通信是在 OS 层之上、基于 TCP/IP 实现。

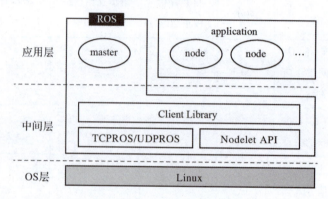

图 4 - 2 - 1　ROS 的通信结构

1. node 和 master

下面再通过一个对比来说明 node 和 master 之间的关系。

node（节点）：一个可执行程序进程，通常一个 node 负责机器人的某一个单独的功能，如图 4 - 2 - 2 所示，Camera Node 就是一个相机的节点。不同的节点可以使用不同的编程语言 C ++ 或 Python。在同一个 ROS 下节点对于编程语言是没有要求的，可以每个节点用互相不同的语言。在右边有一个 Image Display Node，它是运行在另一台计算机上的图像处理节点。也就是说 ROS 的节点可以运行在同一局域网下的不同机器人上。

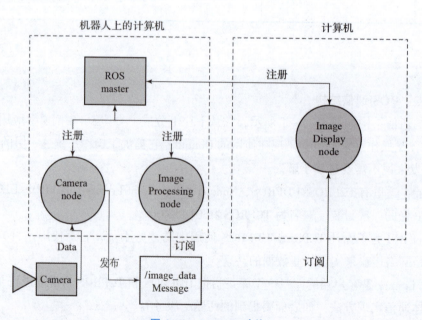

图 4 - 2 - 2　node 功能

master：每个节点都负责单独的一部分功能，节点跟节点之间要互相发现彼此，这就需要 master。如图 4-2-3 所示，master 相当于一个管理中心，每一个 node 启动的时候先要在 master 处进行一次注册，告诉 master 自己的基本信息、需要订阅什么话题、需要发布什么话题。node 之间的通信也是先由 master 进行"牵线"，才能两两地进行点对点通信，一个 ROS 计算图中有且只有一个 master。

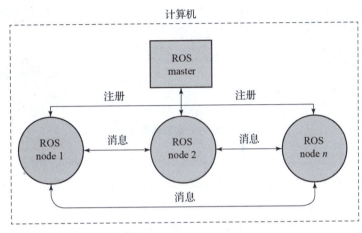

图 4-2-3　master 功能

2. 节点之间的通信方式

节点和节点之间的通信具体有 4 种实现方法，分别是话题、服务、动作、参数，如图 4-2-4 所示。下面一一来解释这 4 种通信方式各自有什么优缺点和它们的差异。

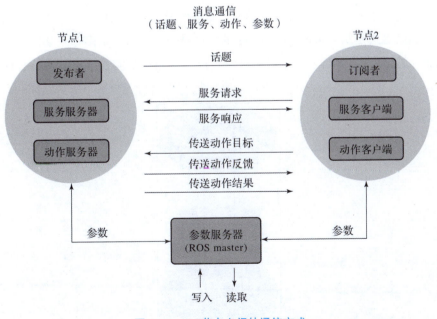

图 4-2-4　节点之间的通信方式

（1）话题

图4-2-5所示就是一个话题通信模型。其中 Publisher（发布者）发布了一个 example 话题，example 话题被两个 Subscriber（订阅者）订阅了。

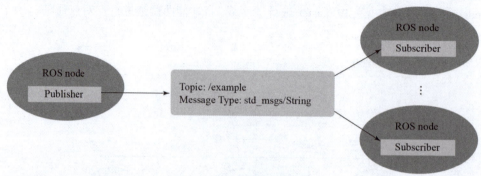

图4-2-5　话题通信模型

话题的通信是单向的，这个订阅过程是完全单向的，Publisher 只管发，Subscriber 只管收。一个话题可以被多个 Subscriber 订阅，也可以由多个发布者来发布。话题是实时性差且异步的通信。Publisher 的发送时间跟 Subscriber 接收到的时间并不是严格同步的，而且 Publisher 是不知道 Subscriber 有没有收到或者说有多少 Subscriber 收到了。话题的一般应用场景为一个传感器的信息发布。例如，激光雷达发布扫描的数据，或者相机发布图像，就会用话题的方式来发布。话题传递的内容就是 message，而 message type 就是话题的消息类型。当发布者通过 UDP 或 TCP 发出去一段字符之后，接收者接收到了应该怎么样去解析，这就需要共同定义好一个解析的方式，这个也就是消息的格式。

（2）服务

图4-2-6所示就是一个服务通信模型。服务的通信是双向的，有一条实线箭头和一条虚线箭头。实线这边是从 Client 发往 Server 的，这是一个起始，是由客户端向服务器发起的请求（request）。服务器执行完请求之后再向客户端返回一个应答（response），这个就是服务的过程。

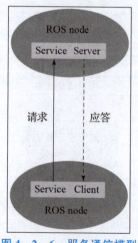

图4-2-6　服务通信模型

服务有更强的同步性、实时性。客户端发出一个请求之后，如果一定时间之内没有收到应答，就认为这次通信失败，从而进行下一步，做一些异常处理。它的底层实现也是 UD-PROS 和 TCPROS。服务通信模型是多对一的，可以有多个客户端，但只能有一个服务器。服务适用于逻辑任务的处理。

表 4-2-5 所示是服务和话题各自的特点对比。

表 4-2-5 服务和话题的特点对比

名称	话题	服务
同步/实时性	异步通信/弱	同步通信/强
实现原理	ROSTCP/ROSUDP	ROSTCP/ROSUDP
通信模型	发布/订阅	请求/应答
节点数量关系	多对多	多（客户端）对一（服务器）
应用场景	数据发布	逻辑任务处理
传递内容	rosmsg	rossrv

（3）动作

动作（Action）和服务有点类似，服务是客户端发送一个请求，服务器返回一个应答。这种模式在任务执行周期短的情况下是十分有用的，例如，让服务器关一下灯，服务器立刻把灯关了，然后返回一个应答告诉客户端灯已经关了。但是如果用服务的方式让机器人去烧一壶水，在水烧开之前是收不到任何回复的。此时无法判断到底是没有收到，还是正在执行。在类似这种执行周期比较长的任务，服务就很不适用了。所以也就产生了动作这种方法，Action 通信模型如图 4-2-7 所示。

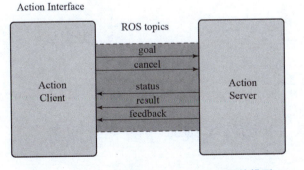

图 4-2-7 Action 通信模型

goal：用于向服务器发送目标。

cancel：用于向服务器发送取消请求。

status：用于通知客户端系统中每个目标的当前状态。

feedback：用于周期反馈目标的辅助信息。

result：用于向客户端发送任务的执行结果，只发布一次。

goal 和 cancel 是由客户端向服务器发送的，status、result 和 feedback 是由服务器返回的。动作和服务的区别在于它有多重回复。例如，让机器人去烧一壶水，机器人首先会回复一个 status，告诉客户端当前状态开始烧水，同时还有回复 feedback，周期性地报告目前水温是多少度。最后水烧开了回复一个 result，水已经烧开了。客户端接收到 result，就知道这一组动作已经结束了。动作在执行过程中如果想要取消动作，它还提供了一个 cancel 接口来取消请求。这里要注意，feedback 和 status 都可以有多个，但是 result 只会发布一次。

（4）参数服务器

参数服务器是一种比较特殊的机制，它不是一个节点，在启动的时候也没有特别去启动它。它运行在 master 当中，是节点用来存储参数的地方。例如，某一个节点启动的时候需要获取变量 foo，如图 4 - 2 - 8 所示。如果参数服务器当中没有存储这个变量，那它会使用一些默认值。但当去调用这个参数，然后给它设置一个值，此时节点如果再去获取参数就会拿到这个新的值。这就是参数服务器的一种通信机制。

参数服务器并非一个 node 运行在 master 中，节点存储参数的地方用于配置参数，全局共享参数，是一个字典。

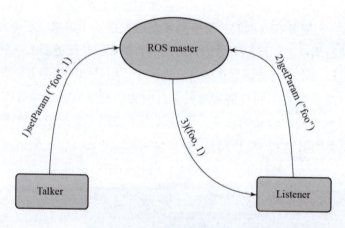

图 4 - 2 - 8　参数服务器通信机制

任务 4.3　编程实现发布者和订阅者

任务描述

1. 教学情景描述：在教师的指导下，学生用编程实现发布者；用编程实现订阅者；用编程实现话题消息。

2. 关键知识点：编程的步骤；相关参数的设定与理解。

任务目标

知识目标：

1. 了解编程的步骤；

2. 掌握相关参数的设定。

能力目标：

1. 会编程实现发布者；

2. 会编程实现订阅者；

3. 会编程实现话题消息。

任务分析

阅读教材和搜索网站，然后按照指引完成以下任务：

1. 用编程实现发布者；

2. 用编程实现订阅者；

3. 用编程实现话题消息。

任务准备

学生任务分配表如表 4 – 3 – 1 所示。

表 4 – 3 – 1　学生任务分配表

班级		组号		指导老师	
组长		组长学号			
组员		姓名	学号	姓名	学号
任务分工					

引导问题1：了解海龟仿真器例程。

（1）如何运行海龟仿真器例程？如何查看节点关系图？

_____

_____

_____

_____

（2）该例程存在几个节点？有哪些话题？话题中的 Publisher 和 Subscriber 是谁？

_____

_____

_____

_____

 小提示

话题中的 Publisher 与 Subscriber

以前面的海龟仿真为例，看一下在这个例程中存在哪些 Publisher 和 Subscriber。

首先运行海龟例程器，然后使用如下命令查看例程的节点关系图：

```
rqt_graph
```

该命令可以查看系统中的节点关系图，海龟例程中的节点关系图如图 4-3-1 所示。

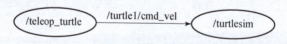

图 4-3-1　海龟仿真器例程中的节点关系图

当前系统中存在两个节点：teleop_turtle 和 turtlesim，其中 teleop_turtle 节点创建了一个 Publisher，用于发布键盘控制的速度命令，turtlesim 节点创建了一个 Subscriber，用于订阅速度命令，实现小海龟在界面上的运动。这里的话题是/turtle1/cmd_vel。

Publisher 和 Subscriber 是 ROS 中最基本、最常用的通信方式。

任务实施

1. 制订方案

工作方案如表 4-3-2 所示。

表4-3-2 工作方案

步骤	工作内容	负责人
1		
2		
3		
4		
5		
6		
7		
8		

2. 列出仪表、工具、耗材和器材清单

器具清单如表4-3-3所示。

表4-3-3 器具清单

序号	名称	型号与规格	单位	数量	备注

3. 进行决策

（1）各组派代表阐述方案。

（2）各组对其他组的设计方案提出自己不同的看法。

（3）教师结合大家完成的情况进行点评，选出最佳方案。

4．工作实施

（1）编程实现发布者。

进入工作空间下的 src 文件夹（没有就新建一个 src 目录），输入命令：

```
cd catkin_ws / src
```

创建一个 learning_topic 功能包，输入命令：

```
catkin_create_pkg learning_topic roscpp rospy std_msgs geometry_msgs turtlesim
```

将 ROS 安装包里的 velocity_publisher. cpp 复制到 learning_topic/src 里。然后修改 learning_topic 功能包下的 CMakeLists. txt 文件内容，双击打开该文件，在特定位置加入下列两行内容：

```
add_executable(velocity_publisher src/velocity_publisher.cpp)
target_link_libraries(velocity_publisher ${catkin_LIBRARIES})
```

加入后的效果如图 4 - 3 - 2 所示。

```
## Specify libraries to link a library or executable target against
# target_link_libraries(${PROJECT_NAME}_node
#    ${catkin_LIBRARIES}
# )

add_executable(velocity_publisher src/velocity_publisher.cpp)
target_link_libraries(velocity_publisher ${catkin_LIBRARIES})
#############
## Install ##
#############

# all install targets should use catkin DESTINATION variables
# See http://ros.org/doc/api/catkin/html/adv_user_guide/variables.html
```

图 4 - 3 - 2　加入后的效果

保存之后退出，然后在工作空间下进行编译，从主文件夹的终端 shell 输入：

```
cd catkin_ws
catkin_make
```

编译成功的界面如图 4 - 3 - 3 所示，只要显示 100% 即为成功。具体的内容会因为机器不同而稍有差别，不影响实际效果。

```
[ 50%] Built target tutorials_msg_sub
[ 50%] Built target std_msgs_generate_messages_nodejs
[ 60%] Built target bingda_tutorials_generate_messages_nodejs
[ 60%] Built target std_msgs_generate_messages_eus
[ 73%] Built target bingda_tutorials_generate_messages_eus
[ 73%] Built target std_msgs_generate_messages_py
[ 90%] Built target bingda_tutorials_generate_messages_py
[ 90%] Built target std_msgs_generate_messages_lisp
[100%] Built target bingda_tutorials_generate_messages_lisp
[100%] Built target bingda_tutorials_generate_messages
a123@123:~/catkin_make1$
```

图 4 - 3 - 3　编译成功界面

之后设置环境变量，以主文件夹的位置输入：

```
gedit .bashrc
```

在打开的.bashrc文件中找到最后一行,修改为两行source代码,效果如图4-3-4所示(注意:其中的a123要改为自己的Linux账户名)。

```
if [ -f /usr/share/bash-completion/bash_completion ]; t
    . /usr/share/bash-completion/bash_completion
elif [ -f /etc/bash_completion ]; then
    . /etc/bash_completion
  fi
fi

source /opt/ros/melodic/setup.bash
source /home/a123/catkin_ws/devel/setup.bash
```

图4-3-4 修改为两行source代码的效果

重新打开一个终端,打开节点管理器,输入命令:

```
roscore
```

重新打开一个终端,打开海龟仿真器,输入命令:

```
rosrun turtlesim turtlesim_node
```

重新打开一个终端,运行本编程开始的复制的话题程序,输入命令:

```
rosrun learning_topic velocity_publisher
```

这样就会发布一个"转圈"的话题消息,效果如图4-3-5所示。

```
[ INFO] [1625360867.028036822]: Publsh turtle velocity command[0.50 m/s, 0.20 r
ad/s]
[ INFO] [1625360867.128047080]: Publsh turtle velocity command[0.50 m/s, 0.20 r
ad/s]
[ INFO] [1625360867.228306508]: Publsh turtle velocity command[0.50 m/s, 0.20 r
ad/s]
[ INFO] [1625360867.328450625]: Publsh turtle velocity command[0.50 m/s, 0.20 r
ad/s]
[ INFO] [1625360867.428477055]: Publsh turtle velocity command[0.50 m/s, 0.20 r
ad/s]
[ INFO] [1625360867.528313264]: Publsh turtle velocity command[0.50 m/s, 0.20 r
ad/s]
[ INFO] [1625360867.628663491]: Publsh turtle velocity command[0.50 m/s, 0.20 r
ad/s]
```

图4-3-5 发布"转圈"话题消息

海龟仿真器是订阅者,接收到消息后,就会控制海龟转圈,效果如图4-3-6所示。

图4-3-6 订阅者收到消息后的效果

查看节点关系图，输入命令：

```
rqt_graph
```

结果如图4-3-1所示。之后，退出所有终端。

（2）编程实现订阅者。

将 ROS 安装包里的 pose_subscriber. cpp 复制到 learning_topic/src 里。然后修改 learning_topic 功能包下的 CMakeLists. txt 文件内容，双击打开该文件，在特定位置加入下列两行内容：

```
add_executable(pose_subscriber src/pose_subscriber.cpp)
target_link_libraries(pose_subscriber ${catkin_LIBRARIES})
```

加入后的效果如图4-3-7所示。

```
## Specify libraries to link a library or executable target against
# target_link_libraries(${PROJECT_NAME}_node
#   ${catkin_LIBRARIES}
# )

add_executable(velocity_publisher src/velocity_publisher.cpp)
target_link_libraries(velocity_publisher ${catkin_LIBRARIES})

add_executable(pose_subscriber src/pose_subscriber.cpp)
target_link_libraries(pose_subscriber ${catkin_LIBRARIES})
#############
## Install ##
#############

# all install targets should use catkin DESTINATION variables
# See http://ros.org/doc/api/catkin/html/adv_user_guide/variables.html
```

图4-3-7　加入后的效果

保存之后退出，然后在工作空间下进行编译，从主文件夹的终端 shell 输入：

```
cd catkin_ws
catkin_make
```

编译成功后如图4-3-8所示。

```
[ 71%] Built target bingda_tutorials_generate_messages_py
[ 71%] Built target std_msgs_generate_messages_lisp
[ Ubuntu软件    target bingda_tutorials_generate_messages_lisp
[ 78%] Built target std_msgs_generate_messages_eus
[ 87%] Built target bingda_tutorials_generate_messages_eus
[ 87%] Built target bingda_tutorials_generate_messages
Scanning dependencies of target pose_subscriber
[ 90%] Building CXX object learning_topic/CMakeFiles/pose_subscriber.dir/src/po
se_subscriber.cpp.o
[ 93%] Linking CXX executable /home/a123/catkin_ws/devel/lib/learning_topic/pos
e_subscriber
[ 93%] Built target pose_subscriber
[100%] Built target velocity_publisher
a123@123:~/catkin_ws$
```

图4-3-8　编译成功

重新打开一个终端，打开节点管理器，输入命令：

```
roscore
```

重新打开一个终端，打开海龟仿真器，输入命令：

```
rosrun turtlesim turtlesim_node
```

重新打开一个终端，运行本编程开始时复制的话题程序，输入命令：

```
rosrun learning_topic pose_subscriber
```

这样就会订阅一个话题消息，订阅者界面如图 4 - 3 - 9 所示。

```
INFO] [1625366217.740143659]: Turtle pose: x:5.544445, y:5.544445
INFO] [1625366217.756088112]: Turtle pose: x:5.544445, y:5.544445
INFO] [1625366217.771821632]: Turtle pose: x:5.544445, y:5.544445
INFO] [1625366217.787966958]: Turtle pose: x:5.544445, y:5.544445
INFO] [1625366217.804184355]: Turtle pose: x:5.544445, y:5.544445
INFO] [1625366217.819970606]: Turtle pose: x:5.544445, y:5.544445
LibreOffice Writer 17.836177322]: Turtle pose: x:5.544445, y:5.544445
INFO] [1625366217.852036024]: Turtle pose: x:5.544445, y:5.544445
INFO] [1625366217.868108909]: Turtle pose: x:5.544445, y:5.544445
INFO] [1625366217.884155123]: Turtle pose: x:5.544445, y:5.544445
INFO] [1625366217.900138727]: Turtle pose: x:5.544445, y:5.544445
INFO] [1625366217.916130031]: Turtle pose: x:5.544445, y:5.544445
```

图 4 - 3 - 9　订阅者界面

可以看到，海龟位置数据（即 x，y 坐标的值）一直没有变化，这是因为海龟没有动，所以订阅到的数据也是不变的。可以运行上面的发布者程序，也可以运行键盘控制程序，总之让海龟动起来，上面的数据就会发生变化。

这里运行键盘控制程序，重新打开一个终端，输入命令：

```
rosrun turtlesim turtle_teleop_key
```

然后控制海龟动作，便会看到订阅的数值发生了变化（即海龟的位置变了）。还可以试试运行上面的发布者程序，看看会是什么现象。

查看节点关系图，输入命令：

```
rqt_graph
```

结果如图 4 - 3 - 10 所示。

图 4 - 3 - 10　节点关系图

之后，退出所有终端。

（3）编程实现话题消息（就是新建一个消息的格式）。

在 learning_topic 里创建一个 msg 文件夹，打开 msg 文件夹，打开终端，输入：

```
touch Person.msg
```

这就创建了一个 Person. msg 消息类文件，然后双击打开，输入下列代码：

```
string name
uint8 sex
```

```
uint8 age

uint8 unknown = 0
uint8 male = 1
uint8 female = 2
```

保存后，退出 Person. msg。

将下列两行输入到 learning_topic 目录下的 package. xml 里：

```
<build_depend>message_generation</build_depend>
<exec_depend>message_runtime</exec_depend>
```

位置如图 4 - 3 - 11 所示。

```
<build_export_depend>geometry_msgs</build_export_depend>
<build_export_depend>roscpp</build_export_depend>
<build_export_depend>rospy</build_export_depend>
<build_export_depend>std_msgs</build_export_depend>
<build_export_depend>turtlesim</build_export_depend>
<exec_depend>geometry_msgs</exec_depend>
<exec_depend>roscpp</exec_depend>
<exec_depend>rospy</exec_depend>
<exec_depend>std_msgs</exec_depend>
<exec_depend>turtlesim</exec_depend>

  <build_depend>message_generation</build_depend>
  <exec_depend>message_runtime</exec_depend>
<!-- The export tag contains other, unspecified, tags -->
<export>
  <!-- Other tools can request additional information be placed here -->

</export>
```

图 4 - 3 - 11 输入代码的位置

保存后，退出 package. xml.

将下列 3 段输入到 CMakeLists. txt 的 3 个位置：

```
message_generation

add_message_files(FILES Person.msg)
generate_messages(DEPENDENCIES std_msgs)

message_runtime
```

效果如图 4 - 3 - 12 所示。

```
## Find catkin macros and libraries
## if COMPONENTS list like find_package(catkin REQUIRED
COMPONENTS xyz)
## is used, also find other catkin packages
find_package(catkin REQUIRED COMPONENTS
  geometry_msgs
  roscpp
  rospy
  std_msgs
  turtlesim
  message_generation
)

## System dependencies are found with CMake's conventions
# find_package(Boost REQUIRED COMPONENTS system)
```

```
# generate_messages(
#   DEPENDENCIES
#   geometry_msgs#   std_msgs
# )

add_message_files(FILES Person.msg)
generate_messages(DEPENDENCIES std_msgs)

################################################
## Declare ROS dynamic reconfigure parameters ##
################################################

## To declare and build dynamic reconfigure parameters
within this
```

```
## DEPENDS: system dependencies of this project that dependent projects also nee
catkin_package(
#  INCLUDE_DIRS include
#  LIBRARIES learning_topic
   CATKIN_DEPENDS geometry_msgs roscpp rospy std_msgs turtlesim message_runtime
#  DEPENDS system_lib
)

###########
## Build ##
###########

## Specify additional locations of header files
## Your package locations should be listed before other locations
include_directories(
# include
```

图 4-3-12　CMakeLists. txt 输入代码的位置

最后一段要注意，先把 CATKIN 前面的#删掉，再在句子后面粘贴。

接着从工作空间目录编译，输入命令：

```
catkin_make
```

编译成功后，如图 4-3-13 所示。

```
[ 87%] Generating EusLisp manifest code for learning_topic
[ 87%] Built target learning_topic_generate_messages_eus
Scanning dependencies of target learning_topic_generate_messages_nodejs
[ 89%] Generating Javascript code from learning_topic/Person.msg
[ 89%] Built target learning_topic_generate_messages_nodejs
Scanning dependencies of target learning_topic_generate_messages_lisp
[ 92%] Generating Lisp code from learning_topic/Person.msg
[ 92%] Built target learning_topic_generate_messages_lisp
Scanning dependencies of target learning_topic_generate_messages_cpp
[ 94%] Generating C++ code from learning_topic/Person.msg
[ 94%] Built target learning_topic_generate_messages_cpp
Scanning dependencies of target learning_topic_generate_messages_py
[ 97%] Generating Python from MSG learning_topic/Person
[100%] Generating Python msg __init__.py for learning_topic
[100%] Built target learning_topic_generate_messages_py
Scanning dependencies of target learning_topic_generate_messages
[100%] Built target learning_topic_generate_messages
a123@123:~/catkin_ws$
```

图 4-3-13　编译成功

将 ROS 安装包里的 person_publisher. cpp 和 person_subscriber. cpp 复制到 learning_topic/src 里。

将下列 6 行输入到 CMakeLists. txt 里：

```
add_executable(person_publisher src/person_publisher.cpp)
target_link_libraries(person_publisher ${catkin_LIBRARIES})
add_dependencies(person_publisher ${PROJECT_NAME}_generate_messages_cpp)
add_executable(person_subscriber src/person_subscriber.cpp)
target_link_libraries(person_subscriber ${catkin_LIBRARIES})
add_dependencies(person_subscriber ${PROJECT_NAME}_generate_messages_cpp)
```

效果如图 4 – 3 – 14 所示。

```
#    ${catkin_LIBRARIES}
# )

add_executable(velocity_publisher src/velocity_publisher.cpp)
target_link_libraries(velocity_publisher ${catkin_LIBRARIES})

add_executable(pose_subscriber src/pose_subscriber.cpp)
target_link_libraries(pose_subscriber ${catkin_LIBRARIES})

add_executable(person_publisher src/person_publisher.cpp)
target_link_libraries(person_publisher ${catkin_LIBRARIES})
add_dependencies(person_publisher ${PROJECT_NAME}_generate_messages_cpp)

add_executable(person_subscriber src/person_subscriber.cpp)
target_link_libraries(person_subscriber ${catkin_LIBRARIES})
add_dependencies(person_subscriber ${PROJECT_NAME}_generate_messages_cpp)
#############
## Install ##
#############
```

图 4 – 3 – 14　在 CMakeLists. txt 中输入 6 行代码

保存后，退出。从工作空间输入命令：

```
catkin_make
```

编译成功后，重新打开一个终端，输入命令：

```
roscore
```

重新打开一个终端，输入命令：

```
rosrun learning_topic person_subscriber
```

订阅者启动后一直在等待消息，因为发布者还没启动。现在启动发布者，重新打开一个终端，输入命令：

```
rosrun learning_topic person_publisher
```

就会看到，发布者和订阅者都开始显示信息（前者发布，后者订阅），效果如图 4 – 3 – 15 所示。

（a）　　　　　　　　　　　　　　　　　（b）

图 4 – 3 – 15　发布者和订阅者显示信息

可以试试先启动发布者，再启动订阅，看看有什么不同。

任务评价

各组派代表展示成果，介绍任务的完成过程，然后完成下面评价表4-3-4。

表4-3-4 评价表

班级		姓名		学号	
任务4.3 编程实现发布者和订阅者					
评价项目		满分	自我评价（权重20%）	组员互相评价（权重30%）	教师评价（权重50%）	综合评价
专业能力考核项目（60%）	会用编程实现发布者	20				
	会用编程实现订阅者	20				
	会用编程实现话题消息	20				
职业素养考核项目（40%）	团队合作	10				
	引导问题填写	10				
	资料查找	10				
	成果展示	10				
总分			教师意见及签名			

知识链接

知识点一：创建 Publisher

Publisher 的主要作用是针对指定话题发布特定数据类型的消息。尝试使用代码实现一个节点，节点中创建一个 Publisher 并发布字符串"Hello World"，源码 learning_communication\scr\talker.cpp 的详细内容如下：

```
#include <sstream>
#include "ros/ros.h"
#include "std_msgs/String.h"
```

```
int main(int argc,char **argv)
{
    #IROS 节点初始化
    ros::init(argc,argv,"talker");
    #创建节点句柄
    ros::NodeHandle n;
    #创建一个 Publisher,发布名为 chatter 的 topic,消息类型为 std_msgs::string
    ros::Publisher chatter_pub = n.advertise<std_msgs::String>("chatter",1000);
    #设置循环的频率
    ros::Rate loop_rate(10);
    int count = 0;
    while(ros::ok())
    {
        #初始化 std_msgs::String 类型的消息
        std_msgs::String msg;
        std::stringstream ss;
        ss << "hello world" << count;
        msg.data = ss.str();
        #发布消息
        ROS_INFO("%s",msg.data.c_str());
        chatter_pub.publish(msg);
        #循环等待回调函数
        ros::spinOnce();
        #按照循环频率延时
        loop_rate.sleep();
        ++count;
    }
    return 0;
}
```

知识点二：编译功能包

节点的代码已经完成，C++是一种编译语言，在运行之前需要将代码编译成可执行文件，如果使用 Python 等解析语言编写代码，则不需要进行编译，可以省去此步骤。

ROS 中使用的是 CMake 编译器，编译规则通过功能包中的 CMakeLists.txt 文件设置，使用 catkin 命令创建的功能包中会自动生成该文件，已经配置多数编译选项，并且包含详细的注释，几乎不用查看相关的说明手册，稍作修改就可以编译自己的代码。

打开功能包中的 CMakeLists.txt 文件，找到以下配置项，去掉注释并稍作修改：

```
include_directories(include  ${catkin_INCLUDE_DIRS})

add_executable(talker src/talker.cpp)
target_link_libraries(talker  ${catkin_LIBRARIES})
add_dependencies(talker  ${PROJECT_NAME}_generate_messages_cpp)

add_executable(listener src/listener.cpp)
target_link_libraries(listener  ${catkin_LIBRARIES})
add_dependencies(listener  ${PROJECT_NAME}_generate_messages_.cpp)
```

对于这个较为简单的功能包，主要用到了以下 4 种编译配置项。

（1）include directories

用于设置头文件的相对路径。全局路径默认是功能包的所在目录，例如，功能包的头文件一般会放到功能包根目录下的 include 文件夹中，所以此处需要添加该文件夹。此外，该配置项还包含 ROS catkin 编译器默认包含的其他头文件路径，如 ROS 默认安装路径、Linux 系统路径等。

（2）add_executable

用于设置需要编译的代码和生成的可执行文件。第一个参数为期望生成的可执行文件的名称，第二个参数为参与编译的源码文件（.cpp），如果需要多个代码文件，则可在后面依次列出，中间使用空格进行分隔。

（3）target_link_libraries

用于设置链接库。很多功能需要使用系统或者第三方的库函数，通过该选项可以配置执行文件链接的库文件，其第一个参数与 add executable 相同，是可执行文件的名称，后面依次列出需要链接的库。此处编译的 Publisher 和 Subscriber 没有使用其他库，添加默认链接库即可。

（4）add_dependencies

用于设置依赖。在很多应用中，需要定义语言无关的消息类型，消息类型会在编译过程中产生相应语言的代码，如果编译的可执行文件依赖这些动态生成的代码，则需要使用 add_dependencies 添加 ${PROJECT_NAME}_generate_messages_cpp 配置，即该功能包动态产生的消息代码。该编译规则也可以添加其他需要依赖的功能包。

以上编译内容会帮助系统生成两个可执行文件：talker 和 listener，放置在工作空间的 ~/catkin_ws/devel/lib/<package name> 路径下。

CMakeLists.txt 修改完成后，在工作空间的根路径下开始编译：

```
cd ~/catkin_ws
catkin_make
```

知识点三：运行 Publisher 与 Subscriber

编译完成后，终于可以运行 Publisher 和 Subscriber 节点了。在运行节点之前，需要在终端中设置环境变量，否则无法找到功能包最终编译生成的可执行文件：

```
source ./devel/setup.bash
```

也可以将环境变量的配置脚本添加到终端的配置文件中：

```
echo "source ~/catkin_ws/devel/setup.bash" >> ~/.bashrc
source ~/.bashrc
```

环境变量设置成功后，可以按照以下步骤启动例程。

（1）启动 roscore

在运行节点之前，首先需要确保 ROS master 已经成功启动：

```
roscore
```

（2）启动 Publisher

Publisher 和 Subscriber 节点的启动顺序在 ROS 中没有要求，这里先使用 rosrun 命令启动 Publisher：

```
rosrun learning_communication talker
```

如果 Publisher 节点运行正常，终端中会出现日志信息。

（3）启动 Subscriber

Publisher 节点已经成功运行，接下来需要运行 Subscriber 节点，订阅 Publisher 发布的消息：

```
rosrun learning_communication listener
```

如果消息订阅成功，会在终端中显示接收到的消息内容。

这个"Hello World"例程中的 Publisher 与 Suberiber 就这样运行起来了。也可以调换两者的运行顺序，先启动 Subscriber，该节点会处于循环等待状态，直到 Publisher 启动后，终端中才会显示订阅收到的消息内容。

知识点四：自定义话题消息

在知识点一的例程中，chatter 话题的消息类型是 ROS 中预定义的 String。在 ROS 的元功能包 common_msgs 中提供了许多不同消息类型的功能包，如 std_msgs（标准数据类型）、geometry_msgs（几何学数据类型）、sensor_msgs（传感器数据类型）等。这些功能包中提供了大量常用的消息类型，可以满足一般场景下的常用消息。但是在很多情况下，依然需要针对自己的机器人应用设计特定的消息类型，ROS 也提供了一套语言无关的消息类型定义方法。

.msg 文件就是 ROS 中定义消息类型的文件，一般放置在功能包根目录下的 msg 文件夹中。在功能包编译过程中，可以使用 .msg 文件生成不同编程语言使用的代码文件。例如，下面的 .msg 文件（learming_communication/msg/Person.msg），定义了一个描述个人信息的消息类型，包括姓名、性别、年龄等：

```
string  name
uint8   sex
uint8   age
```

这里使用的基础数据类型 string、uint8 都是语言无关的，编译阶段会变成各种语言对应的数据类型。

在 .msg 文件中还可以定义常量，例如上面的个人信息中，性别分为男和女，可以定义"unknown"为 0，"male"为 1，"female"为 2：

```
string  name
uint8 sex
uint8 age
uint8  unknown = 0
uint8  male = 1
uint8  female = 2
```

这些常量在发布或订阅消息数据时可以直接使用，相当于 C++ 语言中的宏定义。很多 ROS 消息定义中还会包含一个标准格式的头信息 std_msgs/Header：

```
#Standard metadata for higher - level flow data types
    uint32   seq
    time   stamp
    string   frame_id
```

其中：seq 是消息的顺序标识，不需要手动设置，Publisher 在发布消息时会自动累加；stamp 是消息中与数据相关联的时间戳，可以用于时间同步；frame_id 是消息中与数据相关联的参考坐标系 ID。此处定义的消息类型较为简单，也可以不加头信息。

为了使用这个自定义的消息类型，还需要编译 .msg 文件。.msg 文件的编译需要注意以下两点。

（1）在 package.xml 中添加功能包依赖

首先打开功能包的 package.xml 文件，确保该文件中设置了以下编译和运行的相关依赖：

```
<build_depend>message_generation</build_depend>
<run_depend>message_runtime</run_depend>
```

（2）在 CMakeLists.txt 中添加编译选项

然后打开功能包的 CMakeLists.txt 文件，在 find_package 中添加消息生成依赖的功能包 message_generation，这样在编译时才能找到所需要的文件：

```
find_package(catkin REQUIRED COMPONENTS
    geometry_msgs
    roscpp
    rospy
    std_msgs
    message_generation
)
```

catkin 依赖也需要进行以下设置：

```
catkin_package(
    ...
    CATKIN_DEPENDS geometry_msgs roscpp rospy sta_msgs message_runtime
    ...)
```

最后设置需要编译的 .msg 文件：

```
add_message_files(
    FILES
    Person.msg
)
generate_messages(
    DEPENDENCIES
    std_msgs
)
```

以上配置工作都完成后，就可以回到工作空间的根路径下，使用 catkin_make 命令进行编译了。编译成功后，可以使用如下命令查看自定义的 Person 消息类型：

```
rosmsg show Person
```

Person 消息类型已经定义成功，在代码中就可以按照以上 String 类型的使用方法使用 Person 类型的消息了。

任务 4.4　编程实现客户端和服务器

任务描述

1. 教学情景描述：在教师的指导下，学生用编程实现客户端；用编程实现服务器；用编程实现服务数据。

2. 关键知识点：编程的步骤；相关参数的设定与理解。

任务目标

知识目标：

1. 掌握编程的步骤；

2. 了解相关参数的设定与理解。

能力目标：

1. 会编程实现客户端；

2. 会编程实现服务器；

3. 会编程实现服务数据。

任务分析

阅读教材和搜索网站，然后按照指引完成以下任务：

1. 编程实现客户端；

2. 编程实现服务器；

3. 编程实现服务数据。

任务准备

学生任务分配表如表4-4-1所示。

表4-4-1 学生任务分配表

班级		组号		指导老师	
组长		组长学号			
组员		姓名	学号	姓名	学号
组员					
组员					
组员					
组员					
任务分工					

引导问题1：了解海龟仿真例程。

（1）运行海龟仿真例程后，如何查看服务列表？请写出查看到的服务名称。

_____

_____

_____

（2）如何调用"/spawn"服务产生一只新海龟？请写出命令。

_____

_____

 小提示

海龟例程中的服务

海龟例程提供了不少设置功能，这些设置都以服务的形式提供。在海龟例程运行状态下，使用如下命令查看系统中的服务列表（请自行用程序查看）：

```
rosservice list
```

可以使用代码或者终端对列表中的服务进行调用。例如，使用以下命令调用"/spawn"服务产生一只新海龟：

```
rosservice call /spawn 1 1 0 turtle2
```

服务的请求数据是新海龟的位置、姿态以及名称，调用成功后仿真器中就会产生一只新的海龟。

终端中会打印服务反馈的应答数据，即新海龟的名称。

从海龟仿真器例程中的服务可以看到，服务一般分为 Server 和 Client 两部分，Client 负责发布请求数据，等待 Server 处理；Server 负责处理相应的功能，并且返回应答数据。

任务实施

1. 制订方案

工作方案如表4-4-2所示。

表4-4-2　工作方案

步骤	工作内容	负责人
1		
2		
3		
4		
5		
6		
7		
8		

2. 列出仪表、工具、耗材和器材清单

器具清单如表4-4-3所示。

表4-4-3　器具清单

序号	名称	型号与规格	单位	数量	备注

序号	名称	型号与规格	单位	数量	备注

3. 进行决策

（1）各组派代表阐述方案。

（2）各组对其他组的设计方案提出自己不同的看法。

（3）教师结合大家完成的情况进行点评，选出最佳方案。

4. 工作实施

（1）用编程实现客户端。

进入工作空间下的 src 文件夹（没有就新建一个 src 目录），输入命令：

```
cd catkin_ws/src
```

创建一个 learning_service 功能包，输入命令：

```
catkin_create_pkg learning_service roscpp rospy std_msgs geometry_msgs turtlesim
```

将 ROS 安装包里的 turtle_spawn. cpp 复制到 learning_service 里。然后修改 learning_serv-ice 功能包下的 CMakeLists. txt 文件内容，双击打开该文件，在特定位置加入下列两行内容：

```
add_executable(turtle_spawn src/turtle_spawn.cpp)
target_link_libraries(turtle_spawn ${catkin_LIBRARIES})
```

加入后的效果如图 4-4-1 所示。

图 4-4-1　在 CMakeLists. txt 中加入两行代码的位置

保存之后退出，然后在工作空间下进行编译，从主文件夹的终端 shell 输入命令：

```
cd catkin_ws
catkin_make
```

编译成功的效果如图 4－4－2 所示。

```
[ 62%] Built target bingda_tutorials_generate_messages
Scanning dependencies of target turtle_spawn
[ 64%] Building CXX object learning_service/CMakeFiles/turt
le_spawn.dir/src/turtle_spawn.cpp.o
[ 66%] Linking CXX executable /home/a123/catkin_ws/devel/li
b/learning_service/turtle_spawn
[ 66%] Built target turtle_spawn
[ 66%] Built target _learning_topic_generate_messages_check
_deps_Person
[ 68%] Built target learning_topic_generate_messages_cpp
[ 73%] Built target person_subscriber
[ 77%] Built target velocity_publisher
[ 82%] Built target pose_subscriber
[ 84%] Built target learning_topic_generate_messages_nodejs
[ 88%] Built target learning_topic_generate_messages_eus
[ 93%] Built target learning_topic_generate_messages_py
[ 95%] Built target learning_topic_generate_messages_lisp
[ 95%] Built target learning_topic_generate_messages
[100%] Built target person_publisher
a123@123:~/catkin_ws$
```

图 4－4－2　编译成功

重新打开一个终端，打开节点管理器，输入命令：

```
roscore
```

重新打开一个终端，打开海龟仿真器，输入命令：

```
rosrun turtlesim turtlesim_node
```

重新打开一个终端，运行本编程开始时复制的服务程序，输入命令：

```
rosrun learning_service turtle_spawn
```

这样就会产生一只新的海龟，如图 4－4－3 所示。

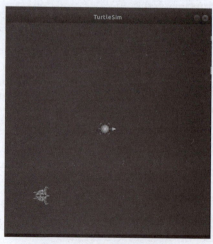

图 4－4－3　产生新的海龟

（2）用编程实现服务器。

将 ROS 安装包里的 turtle_command_server. cpp 复制到 learning_service/src 里。然后修改 learning_service 功能包下的 CMakeLists. txt 文件内容，双击打开该文件，在特定位置加入下列两行内容：

```
add_executable(turtle_command_server src/turtle_command_server.cpp)
target_link_libraries(turtle_command_server ${catkin_LIBRARIES})
```

加入后的效果如图 4 – 4 – 4 所示。

```
# target_link_libraries(${PROJECT_NAME}_node
#   ${catkin_LIBRARIES}
# )

add_executable(turtle_spawn src/turtle_spawn.cpp)
target_link_libraries(turtle_spawn ${catkin_LIBRARIES})

add_executable(turtle_command_server src/turtle_command_server.cpp)
target_link_libraries(turtle_command_server ${catkin_LIBRARIES})
#############
## Install ##
#############

# all install targets should use catkin DESTINATION variables
# See http://ros.org/doc/api/catkin/html/adv_user_guide/variables.html

## Mark executable scripts (Python etc.) for installation
## in contrast to setup.py, you can choose the destination
```

图 4 – 4 – 4　在 CMakeLists. txt 中加入两行代码的位置

保存之后退出，然后在工作空间下进行编译，从主文件夹的终端 shell 输入命令：

```
cd catkin_ws/
catkin_make
```

编译成功的效果如图 4 – 4 – 5 所示。

```
[ 59%] Built target bingda_tutorials_generate_messages
Scanning dependencies of target turtle_command_server
[ 61%] Building CXX object learning_service/CMakeFiles/turtle_command_server.di
r/src/turtle_command_server.cpp.o
[ 63%] Linking CXX executable /home/a123/catkin_ws/devel/lib/learning_service/t
urtle_command_server
[ 63%] Built target turtle_command_server
[ 68%] Built target turtle_spawn
[ 68%] Built target _learning_topic_generate_messages_check_deps_Person
[ 70%] Built target learning_topic_generate_messages_cpp
[ 74%] Built target person_subscriber
[ 78%] Built target velocity_publisher
[ 82%] Built target pose_subscriber
[ 85%] Built target learning_topic_generate_messages_nodejs
[ 89%] Built target learning_topic_generate_messages_eus
[ 93%] Built target learning_topic_generate_messages_py
[ 95%] Built target learning_topic_generate_messages_lisp
[ 95%] Built target learning_topic_generate_messages
[100%] Built target person_publisher
a123@123:~/catkin_ws$
```

图 4 – 4 – 5　编译成功

重新打开一个终端，打开节点管理器，输入命令：

```
roscore
```

重新打开一个终端，打开海龟仿真器，输入命令：

```
rosrun turtlesim turtlesim_node
```

重新打开一个终端，运行本编程开始时复制的服务程序，输入命令：

```
rosrun learning_service turtle_command_server
```

这样就会启动一个服务端，一直等待客户端的请求，如图 4-4-6 所示。

图 4-4-6　启动一个服务端一直等待客户端的请求

重新打开一个终端，输入命令：

```
rosservice call /turtle_command "{}"
```

海龟开始转圈，过一会再次输入命令：

```
rosservice call /turtle_command "{}"
```

海龟停止运动，如图 4-4-7 所示。

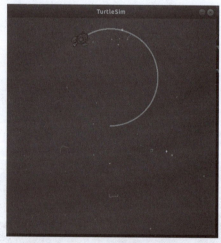

图 4-4-7　海龟停止运动

查看节点关系图，输入命令：

```
rqt_graph
```

结果如图 4-4-8 所示。

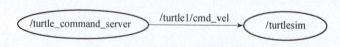

图 4-4-8　节点关系图

之后，退出所有终端。

（3）用编程实现服务数据（就是新建一个服务的格式）。

在 learning_service 里创建一个 srv 文件夹，打开 srv 文件夹，打开终端，输入：

```
touch Person.srv
```

这就创建了一个 Person. srv 消息类文件，然后双击打开，接着输入下列代码：

```
string name
uint8 sex
uint8 age

uint8 unknown = 0
uint8 male = 1
uint8 female = 2
---
string result
```

保存后，退出 Person. srv。

将下列两行输入到 learning_service 目录下的 package. xml 里：

```
<build_depend>message_generation</build_depend>
<exec_depend>message_runtime</exec_depend>
```

位置如图 4-4-9 所示。

```
<build_export_depend>roscpp</build_export_depend>
<build_export_depend>rospy</build_export_depend>
<build_export_depend>std_msgs</build_export_depend>
<build_export_depend>turtlesim</build_export_depend>
<exec_depend>geometry_msgs</exec_depend>
<exec_depend>roscpp</exec_depend>
<exec_depend>rospy</exec_depend>
<exec_depend>std_msgs</exec_depend>
<exec_depend>turtlesim</exec_depend>

<build_depend>message_generation</build_depend>
<exec_depend>message_runtime</exec_depend>

<!-- The export tag contains other, unspecified, tags -->
<export>
  <!-- Other tools can request additional information be placed here -->
```

图 4-4-9   在 package. xml 中输入代码的位置

保存后，退出 package. xml。

将下列三段输入到 CMakeLists. txt 的 3 个位置：

```
message_generation

add_service_files(FILES Person.srv)
generate_messages(DEPENDENCIES std_msgs)

message_runtime
```

效果如图 4-4-10 所示。

```
cmake_minimum_required(VERSION 3.0.2)
project(learning_service)

## Compile as C++11, supported in ROS Kinetic and newer
# add_compile_options(-std=c++11)

## Find catkin macros and libraries
## if COMPONENTS list like find_package(catkin REQUIRED COMPONENTS xyz)
## is used, also find other catkin packages
find_package(catkin REQUIRED COMPONENTS
  geometry_msgs
  roscpp
  rospy
  std_msgs
  turtlesim
  message_generation
)

## System dependencies are found with CMake's conventions
# find_package(Boost REQUIRED COMPONENTS system)
```

```
## Generate added messages and services with any dependencies listed here
# generate_messages(
#   DEPENDENCIES
#   geometry_msgs#   std_msgs
# )

add_service_files(FILES Person.srv)
generate_messages(DEPENDENCIES std_msgs)

###############################################
## Declare ROS dynamic reconfigure parameters ##
###############################################

## To declare and build dynamic reconfigure parameters within this
## package, follow these steps:
## * In the file package.xml:
```

```
## LIBRARIES: libraries you create in this project that dependent projects also
need
## CATKIN_DEPENDS: catkin_packages dependent projects also need
## DEPENDS: system dependencies of this project that dependent projects also
need
catkin_package(
#  INCLUDE_DIRS include
#  LIBRARIES learning_service
   CATKIN_DEPENDS geometry_msgs roscpp rospy std_msgs turtlesim message_runtime
#  DEPENDS system_lib
)

##########
## Build ##
##########

## Specify additional locations of header files
## Your package locations should be listed before other locations
```

图 4-4-10   在 CMakeLists. txt 中输入代码的位置

最后一段要注意，先把 CATKIN 前面的#删掉，再在句子后面粘贴。

接着从工作空间目录编译，输入命令：

```
catkin_make
```

编译成功的效果如图 4-4-11 所示。

```
[ 68%] Built target learning_service_generate_messages_lisp
Scanning dependencies of target learning_service_generate_messages_eus
[ 70%] Generating EusLisp code from learning_service/Person.srv
[ 72%] Generating EusLisp manifest code for learning_service
[ 72%] Built target learning_service_generate_messages_eus
Scanning dependencies of target learning_service_generate_messages
[ 72%] Built target learning_service_generate_messages
[ 72%] Built target _learning_topic_generate_messages_check_deps_Person
[ 74%] Built target learning_topic_generate_messages_cpp
[ 77%] Built target person_subscriber
[ 81%] Built target velocity_publisher
[ 85%] Built target pose_subscriber
[ 87%] Built target learning_topic_generate_messages_nodejs
[ 90%] Built target learning_topic_generate_messages_eus
[ 94%] Built target learning_topic_generate_messages_py
[ 96%] Built target learning_topic_generate_messages_lisp
[ 96%] Built target learning_topic_generate_messages
[100%] Built target person_publisher
a123@123:~/catkin_ws$
```

图 4-4-11   编译成功

将 ROS 安装包里的 person_client. cpp 和 person_server. cpp 复制到 learning_service/src 里。

将下列 6 行输入到 CMakeLists. txt 里：

```
add_executable(person_server src/person_server.cpp)
target_link_libraries(person_server ${catkin_LIBRARIES})
add_dependencies(person_server ${PROJECT_NAME}_gencpp)

add_executable(person_client src/person_client.cpp)
target_link_libraries(person_client ${catkin_LIBRARIES})
add_dependencies(person_client ${PROJECT_NAME}_gencpp)
```

效果如图 4 –4 –12 所示。

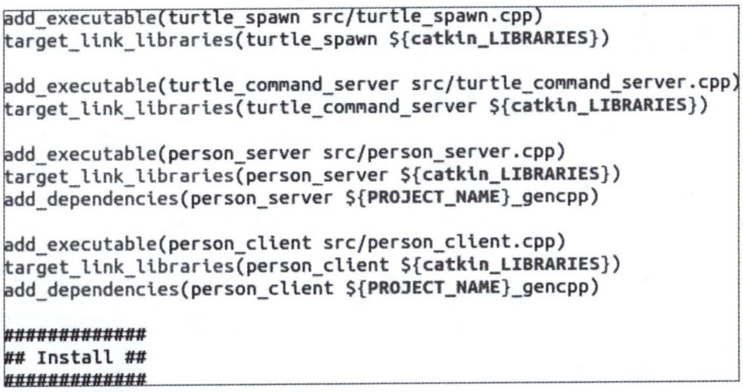

```
add_executable(turtle_spawn src/turtle_spawn.cpp)
target_link_libraries(turtle_spawn ${catkin_LIBRARIES})

add_executable(turtle_command_server src/turtle_command_server.cpp)
target_link_libraries(turtle_command_server ${catkin_LIBRARIES})

add_executable(person_server src/person_server.cpp)
target_link_libraries(person_server ${catkin_LIBRARIES})
add_dependencies(person_server ${PROJECT_NAME}_gencpp)

add_executable(person_client src/person_client.cpp)
target_link_libraries(person_client ${catkin_LIBRARIES})
add_dependencies(person_client ${PROJECT_NAME}_gencpp)

#############
## Install ##
#############
```

图 4 –4 –12　在 CMakeLists. txt 中输入代码的位置

保存后，退出。从工作空间输入命令：

```
catkin_make
```

编译成功后，重新打开一个终端，输入命令：

```
roscore
```

重新打开一个终端，输入命令：

```
rosrun learning_service person_server
```

服务器启动后一直在等待消息，因为客户端还没发送请求，如图 4 –4 –13 所示。

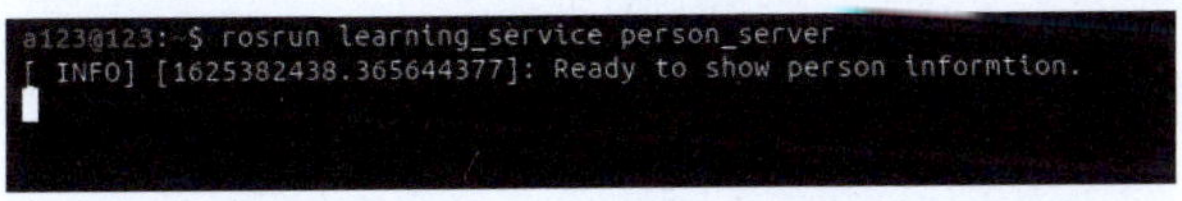

```
a123@123:~$ rosrun learning_service person_server
[ INFO] [1625382438.365644377]: Ready to show person informtion.
```

图 4 –4 –13　服务器启动等待消息

现在启动客户端，重新打开一个终端，输入：

```
rosrun learning_service person_client
```

就会看到，客户端显示发送的请求和反馈回来的结果，服务器显示发送的具体消息，如图 4 –4 –14 所示。

图 4 - 4 - 14　客户端和服务器的显示内容

客户端每请求一次，就会有一次显示，而不是像话题一样不断显示，这就是两者的区别。可以多请求几次，看看现象。

任务评价

各组派代表展示成果，介绍任务的完成过程，然后完成评价表 4 - 4 - 4。

表 4 - 4 - 4　评价表

班级			姓名		学号	
任务 4.4　编程实现客户端和服务器						
评价项目		满分	自我评价（权重 20%）	组员互相评价（权重 30%）	教师评价（权重 50%）	综合评价
专业能力考核项目（60%）	会用编程实现客户端	20				
	会用编程实现服务器	20				
	会用编程实现服务数据	20				
职业素养考核项目（40%）	团队合作	10				
	引导问题填写	10				
	资料查找	10				
	成果展示	10				
总分			教师意见及签名			

任务 4.5　编程使用 launch 文件

任务描述

1. 教学情景描述：教师讲解 launch 文件的作用和参数；在教师的指导下，学生编写简单的 launch 文件。

2. 关键知识点：launch 文件的作用和参数；launch 文件的格式。

任务目标

知识目标：

1. 了解 launch 文件的作用；

2. 掌握 launch 文件的参数。

能力目标：

会编写 launch 文件。

任务分析

阅读教材和搜索网站，然后完成以下任务：

1. 编写 launch 文件：同时启动节点 person_publisher 和 person_subscriber；

2. 编写 launch 文件：同时启动节点 person_client 和 person_server。

任务准备

学生任务分配表如表 4 – 5 – 1 所示。

表 4 – 5 – 1　学生任务分配表

班级		组号		指导老师	
组长		组长学号			
组员		姓名	学号	姓名	学号
任务分工					

引导问题 1：了解 launch 文件。

（1）launch 文件的作用是什么？

_____

_____

_____

（2）在 launch 文件中，pkg，type 和 name 表示什么定义？

_____

_____

_____

_____

小提示

　　每次运行一个 ROS 节点或工具时，都需要打开一个新的终端运行一个命令。当系统中的节点数量不断增加时，"每个节点一个终端"的模式会变得非常麻烦。那么有没有一种方式可以一次性启动所有节点呢？答案当然是肯定的。

　　launch 文件便是 ROS 中一种同时启动多个节点的途径，它还可以自动启动 ROS master 节点管理器，并且可以实现每个节点的各种配置，为多个节点的操作提供很大便利。

任务实施

1. 制订方案

工作方案如表 4 - 5 - 2 所示。

表 4 - 5 - 2　工作方案

步骤	工作内容	负责人
1		
2		
3		
4		
5		
6		
7		
8		

2. 列出仪表、工具、耗材和器材清单

器具清单如表4-5-3所示。

表4-5-3 器具清单

序号	名称	型号与规格	单位	数量	备注

3. 进行决策

（1）各组派代表阐述方案。

（2）各组对其他组的设计方案提出自己不同的看法。

（3）教师结合大家完成的情况进行点评，选出最佳方案。

4. 工作实施

（1）编写 launch 文件：同时启动节点 person_publisher 和 person_subscriber。

首先在功能包中新建一个文件夹和文件：

```
roscd learning_topic/
mkdir launch
cd launch/
vim chapter2.launch
```

在 chapter2. launch 中输入代码，如图4-5-1所示。

图4-5-1 在 chapter2. launch 中输入代码

保存后，退出。打开一个新终端，通过如下命令启动这个文件：

```
roslaunch learning_topic chapter2.launch
```

可以看到类似如图4-5-2所示的结果。

```
Press Ctrl-C to interrupt
Done checking log file disk usage. Usage is <1GB.

started roslaunch server http://192.168.0.115:40717/

SUMMARY
========

PARAMETERS
 * /rosdistro: melodic
 * /rosversion: 1.14.11
   LibreOffice Writer
NODES
  /
    person_publisher (learning_topic/person_publisher)
    person_subscriber (learning_topic/person_subscriber)

auto-starting new master
process[master]: started with pid [11704]
ROS_MASTER_URI=http://localhost:11311

setting /run_id to 0c7a646c-dca7-11eb-839d-000c2947f563
process[rosout-1]: started with pid [11715]
started core service [/rosout]
process[person_publisher-2]: started with pid [11721]
process[person_subscriber-3]: started with pid [11724]
```

图 4-5-2　启动文件 chapter2. launch

此结果已经列出运行的节点，也可以通过下面的命令查看，如图 4-5-3 所示。

```
rosnode list
```

```
a123@123:~/catkin_ws/src/learning_topic/launch$ rosnode list
/person_publisher
/person_subscriber
/rosout
a123@123:~/catkin_ws/src/learning_topic/launch$
```

图 4-5-3　输入命令 rosnode list 查看节点

注意：当执行 launch 文件时，并不需要在 roscore 命令前启动，roslaunch 会启动它。

原来节点 person_subscriber 会在屏幕上输出从其他节点收到的消息，现在却看不到了，这是因为 person_subscriber 使用 ROS_INFO 输出消息，当在 shell 中只运行一个节点时，可以看到它，但是当运行 launch 文件时，则看不到它。

挑战一下：更改 launch，让消息在屏幕上显示出来。

（2）编写 launch 文件：同时启动节点 person_client 和 person_server。

任务评价

各组派代表展示成果，介绍任务的完成过程，然后完成评价表 4-5-4。

表 4-5-4　评价表

班级			姓名		学号	
任务 4.5　编程使用 launch 文件						
评价项目		满分	自我评价 （权重 20%）	组员互相评价 （权重 30%）	教师评价 （权重 50%）	综合评价
专业能力 考核项目 （60%）	了解 launch 文件的作用	20				

班级		姓名		学号	
任务 4.5　编程使用 launch 文件					

评价项目		满分	自我评价 （权重 20%）	组员互相评价 （权重 30%）	教师评价 （权重 50%）	综合评价
专业能力 考核项目 （60%）	掌握 launch 文件的参数	20				
	会编写简单的 launch 文件	20				
职业素养 考核项目 （40%）	团队合作	10				
	引导问题填写	10				
	资料查找	10				
	成果展示	10				
总分			教师意见 及签名			

知识链接

知识点：launch 文件

1. 基本元素

这是一个简单而完整的 launch 文件，采用 XML 的形式进行描述，包含一个根元素 < launch > 和两个节点元素 < node >。

```
< launch >
    < node pkg = "turtlesim"  name = "sim1"  type = "turtlesim_node" / >
    < node pkg = "turtlesim"  name = "sim2"  type = "turtlesim_node" / >
< / launch >
```

（1） < launch >

XML 文件必须包含一个根元素，launch 文件中的根元素采用 < launch > 标签定义，文件中的其他内容都必须包含在这个标签中：

```
< launch >
    ...
< / launch >
```

（2） < node >

launch 文件的核心是启动 ROS 节点，采用 < node > 标签定义，语法如下：

```
< node pkg = "package - name" type = "executable - name" name = "node - name" />
```

从上面的定义规则可以看出，在 launch 文件中启动一个节点需要 3 个属性：pkg、type 和 name。其中，pkg 属性定义节点所在的功能包名称，type 属性定义节点的可执行文件名称，这两个属性等同于在终端中使用 rosrun 命令运行节点时的输入参数；name 属性用来定义节点运行的名称，将覆盖节点中 init( )赋予节点的名称。这是 3 个最常用的属性，在某些情况下，还有可能用到以下属性。

①output = "screen"：将节点的标准输出打印到终端屏幕，默认输出为日志文档。

②respawn = "true"：复位属性，该节点停止时，会自动重启，默认为 false。

③required = "true"：必要节点，当该节点终止时，launch 文件中的其他节点也被终止。

④ns = "namespace"：命名空间，为节点内的相对名称添加命名空间前缀。

⑤args = "arguments"：节点需要的输入参数。

实际应用中的 launch 文件往往会更加复杂，使用的标签也会更多，如一个启动机器人的 launch 文件，如下：

```
< launch >
    < node pkg = "mrobot_bringup" type = "mrobot_bringup" name = "mrobot_bringup"
output = "screen"/>

    < arg name = "urdf_file" default = " $ {find xacro}/xacro  -- inorder ' $ {find
mrobot_description}/urdf/mrobot_with_rplidar.urdf.xacro'" />
    < param name = "robot_description" command = " $ (arg urdf_file)" />

    < node name = "joint_state_publisher" pkg = "joint_state_publisher" type = "
joint_state_publisher" />

    < node pkg = "robot_state_publisher" type = "robot_state_publisher" name = "
state_publisher" >
        < param name = "publish_frequency" type = "double" value = "5.0" />
    < /node >
    < node name = "base2laser" pkg = "tf" type = "static_transform_publisher"
args = "0 0 0 0 0 0 1 /base_link /laser 50" / >

    < node pkg = "robot_pose_ekf" type = "robot_pose_ekf" name = "robot_pose_
ekf" >
        < remap from = "robot_pose_ekf/odom_combined" to = "odom_combined"/>
        < param name = "freq" value = "10.0"/>
        < param name = "sensor_timeout" value = "1.0"/>
        < param name = "publish_tf" value = "true"/>
        < param name = "odom_used" value = "true"/>
        < param name = "imu_used" value = "false"/>
        < param name = "vo_used" value = "false"/>
        < param name = "output_frame" value = "odom"/>
```

```
    </node>

    <include file = "$(find mrobot_bringup)/launch/rplidar.launch" />
</launch>
```

目前，只关注其中的标签元素，除了本知识点介绍的 < launch > 和 < node > ，这里还出现了 < arg > 、< param > 、< remap > ，这些都是常用的标签元素。

2. 参数设置

为了方便参数设置和修改，launch 文件支持参数设置的功能，类似于编程语言中的变量声明。关于参数设置的标签元素有两个：< param > 和 < arg > ，一个代表 parameter，另一个代表 argument。这两个标签元素翻译成中文都是"参数"的意思，但是这两个"参数"的意义是完全不同的。

（1）< param >

parameter 是 ROS 运行中的参数，存储在参数服务器中。在 launch 文件中通过 < param > 元素加载 parameter；launch 文件执行后，parameter 就加载到 ROS 的参数服务器上了。每个活跃的节点都可以通过 ros::param::get() 接口来获取 parameter 的值，用户也可以在终端中通过 rosparam 命令获得 parameter 的值。

< param > 的使用方法如下：

```
<param name = "output_frame" value = "odom" / >
```

运行 launch 文件后，output_frame 这个 parameter 的值就设置为 odom，并且加载到 ROS 参数服务器上了。但是在很多复杂的系统中参数的数量很多，如果这样一个一个地设置会非常麻烦，ROS 也提供了另外一种类似的参数（< rosparam >）加载方式：

```
<rosparam file = "$(find 2dnav_pr2)/config/costmap_common_params.yam1"
command = "load" ns = "local_costmap" / >
```

< rosparam > 可以将一个 YAML 格式文件中的参数全部加载到 ROS 参数服务器中，需要设置 command 属性为"load"，还可以选择设置命名空间"ns"。

（2）< arg >

argument 是另外一个概念，类似于 launch 文件内部的局部变量，仅限于 launch 文件使用，便于 launch 文件的重构，与 ROS 节点内部的实现没有关系。

设置 argument 使用 < arg > 标签元素，语法如下：

```
<arg name = "arg-name" default = "arg-value" / >
```

launch 文件中需要使用到 argument 时，可以使用如下方式调用：

```
<param name = "foo" value = "$(arg arg-name)" / >
<node name = "node" pkg = "package" type = "type" args = "$(arg arg-name)" / >
```

3. 重映射机制

ROS 的设计目标是提高代码的复用率，所以 ROS 社区中的很多功能包都可以拿来直接使用，而不需要关注功能包的内部实现。那么问题来了，别人的功能包的接口不一定和自己的系统兼容呀？

ROS 提供一种重映射机制，简单来说就是取别名，类似于 C ++ 语言中的别名机制，不需要修改别人的功能包的接口，只需要将接口名称重映射一下，取一个别名，系统就认识了（接口的数据类型必须相同）。launch 文件中的 < remap > 标签可以实现这个重映射功能。

例如，turtlebot 的键盘控制节点发布的速度控制命令话题可能是/turtlebot/cmdvel，但是自己的机器人订阅的速度控制命令话题是/cmdvel，这时使用 < remap > 就可以轻松解决问题，将/turtlebot/cmd_vel 重映射为/cmd_vel，自己的机器人就可以接收到速度控制命令了：

```
< remap from = "/turtlebot/cmd_vel" to = "/cmd_vel" / >
```

重映射机制在 ROS 中的使用非常广泛，也非常重要，方法不止这一种，也可以在终端中实现重映射，读者一定要理解好这种机制。

4. 嵌套复用

在复杂的系统中，launch 文件往往有很多，这些 launch 文件之间也会存在依赖关系。如果要直接复用一个已有 launch 文件中的内容，可以使用 < include > 标签包含其他 launch 文件，这与 C 语言中的 include 几乎是一样的：

```
< include file = " $ (dirname)/other.launch" / >
```

launch 是 ROS 框架中非常实用、灵活的功能，它类似于一种高级编程语言，可以帮助管理启动系统时的方方面面。在使用 ROS 的过程中，很多情况下并不需要编写大量代码，仅需要使用已有的功能包编辑 launch 文件，就可以完成很多机器人功能。

任务4.6　配置分布式多机通信

任务描述

1. 教学情景描述：教师讲解分布式通信；在教师的指导下，学生配置双机 ROS；学生自主配置多机 ROS。

2. 关键知识点：分布式通信的概念；配置多机 ROS 的步骤。

任务目标

知识目标：

1. 了解分布式通信的概念；

2. 掌握多机 ROS 的配置步骤。

能力目标：

1. 会配置双机 ROS；

2. 会配置多机 ROS。

任务分析

阅读教材和搜索网站，然后完成以下任务：

1. 配置双机 ROS：一个学生设置主机，一个学生设置从机，之后两人交换；

2. 配置多机 ROS：一个学生设置主机，其他所有学生设置从机。

任务准备

学生任务分配表如表 4 – 6 – 1 所示。

表 4 – 6 – 1　学生任务分配表

班级		组号		指导老师	
组长		组长学号			
组员		姓名	学号	姓名	学号
任务分工					

引导问题：了解分布式通信。

（1）什么是分布式通信？

_____

_____

_____

（2）什么是SSH？

_____

_____

_____

 小提示

安全外壳（Secure Shell，SSH）。通过使用SSH，可以把所有传输的数据进行加密，还有一个好处就是传输的数据是经过压缩的，所以可以加快传输的速度。SSH有很多功能，它既可以代替 Telnet，又可以为 FTP、PoP 甚至 PPP 提供一个安全的"通道"。

简单地说，SSH 就是一种网络协议，用于计算机之间的加密登录。

SSH 主要用于远程登录。假定要以用户名 user 登录远程主机 host，只需输入如下命令：

```
ssh user@ host
```

如果本地用户名与远程用户名一致，登录时可以省略用户名：

```
ssh host
```

任务实施

1. 制订方案

工作方案如表 4-6-2 所示。

表 4-6-2　工作方案

步骤	工作内容	负责人
1		
2		
3		
4		
5		
6		
7		
8		

2. 列出仪表、工具、耗材和器材清单

器具清单如表 4-6-3 所示。

表 4 – 6 – 3　器具清单

序号	名称	型号与规格	单位	数量	备注

3. 进行决策

（1）各组派代表阐述方案。

（2）各组对其他组的设计方案提出自己不同的看法。

（3）教师结合大家完成的情况进行点评，选出最佳方案。

4. 工作实施

（1）配置双机 ROS：一个学生设置主机，一个学生设置从机，之后两人交换。

（2）配置多机 ROS：一个学生设置主机，其他所有学生设置从机。

任务评价

各组派代表展示成果，介绍任务的完成过程，然后完成评价表4-6-4。

表4-6-4 评价表

班级			姓名		学号	
任务4.6　配置分布式多机通信						
评价项目		满分	自我评价（权重20%）	组员互相评价（权重30%）	教师评价（权重50%）	综合评价
专业能力考核项目（60%）	了解分布式通信	20				
	会配置双机ROS	20				
	会配置多机ROS	20				
职业素养考核项目（40%）	团队合作	10				
	引导问题填写	10				
	资料查找	10				
	成果展示	10				
总分			教师意见及签名			

知识链接

知识点：创建分布式多机通信

1. 步骤一

ROS是一种分布式软件框架，节点之间通过松耦合的方式进行组合，在很多应用场景下，节点可以运行在不同的计算平台上，通过话题、服务进行通信。但是"一山不容二虎"，ROS中只允许存在一个master，在多机系统中master只能运行在一台机器上，其他机器需要通过SSH的方式和master取得联系。所以在多机ROS中需要进行一些配置。

以两台计算机为例，介绍分布式多机通信的配置步骤，其中计算机hcx-pc作为主机运行master，计算机raspi2作为从机运行节点。

（1）设置 IP 地址

首先需要确定 ROS 多机系统中的所有计算机处于同一网络，然后分别在计算机 hcx－pc、raspi2 上使用 ifconfig 命令查看计算机的局域网 IP 地址。

图 4－6－1 所示是计算机 hcx－pc 查询的结果，它的局域网 IP 地址是 192.168.0.115。另外查得 raspi2 的局域网 IP 地址是 192.168.0.198。前面 3 个数字相同，说明它们是在同一网关。

```
ens33: flags=4163<UP,BROADCAST,RUNNING,MULTICAST>  mtu 1500
        inet 192.168.0.115  netmask 255.255.255.0  broadcast 192.168.0.255
        inet6 fe80::8f33:5408:2650:8010  prefixlen 64  scopeid 0x20<link>
        ether 00:0c:29:47:f5:63  txqueuelen 1000  (以太网)
        RX packets 16442  bytes 10267209 (10.2 MB)
        RX errors 0  dropped 0  overruns 0  frame 0
        TX packets 8498  bytes 908929 (908.9 KB)
        TX errors 0  dropped 0 overruns 0  carrier 0  collisions 0

lo: flags=73<UP,LOOPBACK,RUNNING>  mtu 65536
        inet 127.0.0.1  netmask 255.0.0.0
        inet6 ::1  prefixlen 128  scopeid 0x10<host>
        loop  txqueuelen 1000  (本地环回)
        RX packets 189065  bytes 20435435 (20.4 MB)
        RX errors 0  dropped 0  overruns 0  frame 0
        TX packets 189065  bytes 20435435 (20.4 MB)
        TX errors 0  dropped 0 overruns 0  carrier 0  collisions 0
```

图 4－6－1　计算机 hcx－pc 查询的结果

分别在两台计算机系统的/etc/hosts 文件中加入对方的 IP 地址和对应的计算机名：

```
#@hcx-pc, /etc/hosts
192.168.0.198 raspi2

#@raspi2, /etc/hosts
192.168.31.198 hcx-pc
```

设置完毕后，分别在两台计算机上使用 ping 命令测试网络是否连通。比如，在计算机 hcx－pc 上输入命令：

```
ping 192.168.0.198
```

如果双向网络都连通，说明底层网络的通信已经没问题，接下来设置 ROS 相关的环境变量。

（2）设置 ROS_MASTER_URI

因为系统中只能存在一个 master，所以从机 raspi2 需要知道 master 的位置。

ROS master 的位置可以使用环境变量 ROS_MASTER_URI 进行定义，在从机 raspi2 上使用如下命令设置 ROS_MASTER_URI：

```
export  ROS_MASTER_URI=http://hcx-pc:11311
```

但是以上设置只能在输入的终端中生效，为了让所有打开的终端都能识别，最好使用如下命令将环境变量的设置加入终端的配置文件中：

```
echo "export ROS_MASTER_URI=http://hcx-pc:11311" >> ~/.bashre
```

（3）多机通信测试

现在 ROS 多机系统已经配置完成，下面使用海龟仿真例程进行测试。首先在主机 hcx－

pc 上运行海龟仿真器：

```
roscore
rosrun turtlesim turtlesim_node
```

然后在从机 raspi2 上使用 rostopic list 命令查看 ROS 中的话题列表。

如果可以看到主机运行的话题，说明现在从机已经可以与 master 取得联系。在从机 raspi2 上发布一只小海龟的速度控制消息：

```
rostopic pub -r 10 /turtle1/cmd_vel geometry_msgs/Twist "linear:
    x: 0.5
    y: 0.0
    z: 0.0
angular:
    x: 0.0
    y: 0.0
    z: 0.5
```

此时，主机 hex - pc 中的小海龟应该就开始移动了，ROS 多机系统配置成功。在实际应用中，可能需要使用两个以上的计算平台，可以使用相同的方法进行配置，主机运行 master，其他从机通过设置 ROS_MASTE_RURI 环境变量确定 master 位置即可。

2. 步骤二

机器人设置 AP 模式和 SSH 远程登录。所谓 AP 模式就是以机器人作为路由器，PC 和手机都通过连接机器人的热点和机器人通信。机器人在出厂时默认的无线模式就是 AP 模式。通过计算机搜索机器人热点，热点名默认 BingDa _ Robot，密码默认为 12345678，如图 4 - 6 - 2 所示。

图 4 - 6 - 2　机器人热点

连接上机器人的热点之后可以看到，计算机的 IP 为 192.168.9.159，这是机器人分配的 IP，而下面的 192.168.9.1 是机器人自身的 IP，如图 4 - 6 - 3 所示。

本地链接 IPv6 地址：	fe80::8494:5373:27cb:2804%12
IPv4 地址：	192.168.9.159
IPv4 DNS 服务器：	192.168.9.1

图 4 - 6 - 3　计算机和机器人的 IP

接下来，在用户资料包里找到 putty 软件来登录到机器人，如图 4 - 6 - 4 所示。

图4-6-4 找到 putty 软件

如图4-6-5所示，打开软件后在1处填写机器人IP，在2处取名为 BingDaRobot_AP，单击3处 Save 按钮保存。保存后，下次再进入就可以直接双击机器人名进入登录页面，不需要重新填写机器人地址。

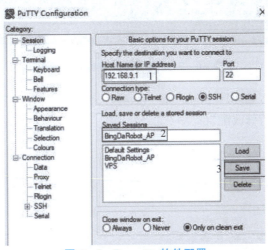

图4-6-5 putty 软件配置

进入登录页面后，首先输入用户名，默认为 bingda。用户密码默认为 bingda，需注意输入的密码是不显示出来的，如果不小心输错可能不会知道，输入密码后按 Enter 键登录进机器人，如图4-6-6所示，说明连接成功。如果提示密码错误，重新输入密码即可。

```
login as: bingda
bingda@192.168.9.1's password:
Welcome to Ubuntu 18.04.5 LTS (GNU/Linux 4.19.105-v8-28 aarch64)

 * Documentation:  https://help.ubuntu.com
 * Management:      https://landscape.canonical.com
 * Support:         https://ubuntu.com/advantage

  System information as of Fri Mar  5 10:28:53 CST 2021

  System load:  0.0              Processes:            205
  Usage of /:   61.4% of 14.30GB  Users logged in:      1
  Memory usage: 40%              IP address for wlan0: 192.168.9.1
  Swap usage:   0%

91 packages can be updated.
33 of these updates are security updates.
To see these additional updates run: apt list --upgradable

Your Hardware Enablement Stack (HWE) is supported until April 2023.

Last login: Fri Mar  5 11:12:44 2021 from 192.168.9.135
bingda@robot:~$
```

图4-6-6 登录机器人

这里可以使用 ifconfig 命令查看机器人网络连接状态，如图 4 - 6 - 7 所示。

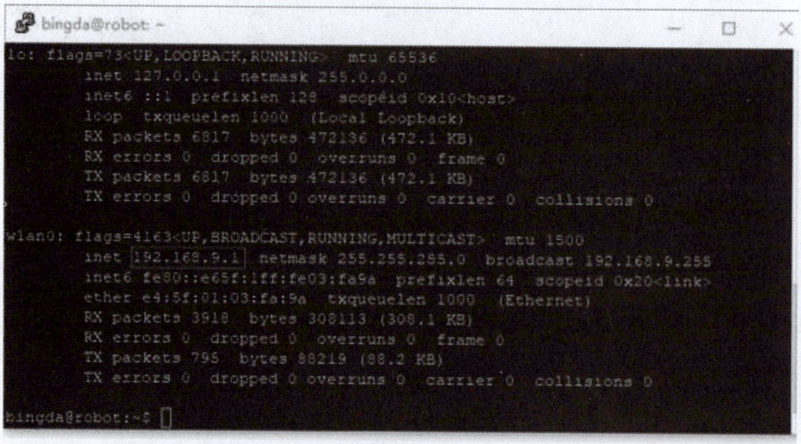

图 4 - 6 - 7　查看机器人网络连接状态

机器人自建热点的配置文件/etc/create_ap. conf 里面包含网关、无线通道、WiFi 名、密码等，有需要的可以自行修改配置。

参 考 文 献

[1] 胡春旭.ROS 机器人开发实践［M］.北京：机械工业出版社，2021.

[2] 刘遄.Linux 就该这么学［M］.北京：人民邮电出版社，2021.

[3] 鸟哥.鸟哥的 LINUX 私房菜基础学习篇［M］.北京：人民邮电出版社，2018.

[4] 陶满礼.ROS 机器人编程与 SLAM 算法解析指南［M］.北京：人民邮电出版社，2020.

[5] 夏辉，杨伟吉，金鑫.Linux 系统与大数据应用［M］.北京：机械工业出版社，2019.

[6] 杨运强，吴进，王蕊.Linux 系统管理与应用［M］.北京：北京邮电大学出版
社，2022.